Alexander von Kluck

Der Marsch auf Paris und die Marneschlacht 1912

EHV
HISTORY

Alexander von Kluck

Der Marsch auf Paris und die Marneschlacht 1912

ISBN/EAN: 9783955640811

Auflage: 1

Erscheinungsjahr: 2013

Erscheinungsort: Bremen, Deutschland

@ EHV-History in Access Verlag GmbH, Fahrenheitstr. 1, 28359 Bremen. Alle Rechte beim Verlag und bei den jeweiligen Lizenzgebern.

EHV
HISTORY

Der
Marsch auf Paris
und die Marneschlacht
1914

Von

A. v. Kluck
Generaloberst

Mit einer vierfarbigen Steindruckkarte und 2 Skizzen im Text

Berlin 1920 / Ernst Siegfried Mittler und Sohn

Vorwort.

Nachfolgende Rückblicke wurden am 6. Februar 1918 zum Abschluß gebracht.

Neuere Quellen, wie das verdienstvolle Buch des Eidgenössischen Majors B i r c h e r über die Marneschlacht, sind nicht benutzt worden, ebensowenig die im Sommer 1919 erschienenen Berichte des Marschalls F r e n c h und die M a u r i c e schen Beiträge ”Forty Days in 1914“. Auch wurde davon Abstand genommen, das Werk des Generals B a u m g a r t e n = C r u s i u s in den Kreis weiterer Betrachtungen zu ziehen, so bedeutungsvoll dessen Ausführungen auch sind, ebenso die Veröffentlichungen des Feldmarschalls v. B ü l o w und des Generaloberst v. H a u s e n.

Nachträgliche Erwägungen waren durchaus fernzuhalten. Diese Einschränkung erschien um so notwendiger, als die Auffassung der Lage im Hauptquartier der I. Armee vom Jahre 1914 in ihrer Darlegung von jeglicher Beeinflussung unberührt bleiben sollte.

Die Wahrung dieses Gesichtspunktes gab Veranlassung, im Texte der Ausführungen die entscheidenden Urkunden wortgetreu wiederzugeben.

Der Standpunkt des Oberbefehlshabers in Beurteilung der Gefahren eines Marne=Überganges — Anfang September 1914 — ist im dritten Abschnitt dieser Rückblicke dargelegt.

Der schwedische Generalmajor v o n N o r d e n s w a n hat in seiner Schrift „Strategisches aus dem Weltkriege“ mehrfach treffende Gedanken entwickelt, soweit ihm die derzeit fließenden Quellen Gelegenheit boten.

Das Verhältnis zwischen den Armee=Oberkommandos I und II gestaltete sich möglichst entgegenkommend. Bei abweichenden Auffassungen vertrat jede Stelle die eigenen Absichten; ob mehr oder minder mit sachlicher Berechtigung, steht dahin. Eine weitere geschichtliche Forschung hat hier Recht zu sprechen.

Die Lage nach der notwendigen „Umgruppierung" der deutschen Westarmee erschien keineswegs ungünstig, sofern eine Beschränkung der kriegspolitischen und strategischen Ziele rechtzeitig und in größerem Umfange mit Ausnützung der strategischen Schwächen des Gegners in die Erscheinung und in Wirkung trat. Sie aufzufinden, ist Hauptaufgabe der höchsten Führung im Kriege.

Berlin=Grunewald, Februar 1920.

v. Kluck,
Generaloberst.

Inhaltsverzeichnis.

Verzeichnis der Karten.

Im Text.

Anlage
(am Schluß des Buches).

Karte des Vormarsches der I. Armee bis zum Grand Morin und Karte des Abmarsches der I. Armee zum Ourcq und des Rückmarsches zur Oise nebst Übersichtskarte.

Quellen.

1. Geheime und nichtgeheime Akten des Oberbefehlshabers der I. Armee vom 9. August bis 15. September 1914.

2. Bericht des Chefs des Generalstabes der I. Armee über deren Operationen im genannten Zeitraum vom 29. Mai 1915.

3. Berichte des Generals Sir John French von 1914.

4. Die Schlachten an der Marne vom 6. bis 12. September 1914. Ungenannter Verfasser. Berlin 1916.

5. Stegemann, Hermann. Geschichte des Krieges. Erster Band. Stuttgart und Berlin 1917.

6. Egli, Oberst K. Zwei Jahre Weltkrieg. August 1914 bis August 1916. Zürich 1917.

7. Tagesvermerke des Oberbefehlshabers der I. Armee.

8. Kolbe, Professor Dr. Walter. Die Marneschlacht. Rostock 1917.

9. Nordenswan, schwedischer Generalmajor. Strategisches aus dem Weltkriege.

10. Bleibtreu, Karl. Stegemanns Weltkrieg und die Marneschlacht.

11. Gedel, französischer Major. Der Feldzug 1914. Die Marneschlacht. Paris 1916.

12. La victoire de la Marne von Louis Madelin. Septemberheft 1916 der Revue des deux mondes.

13. L'Illustration vom 11. September 1915.

14. Je sais tout. Magasin de l'activité et de l'énergie nationale vom 15. September 1917.

Einleitung.

Die Betrachtungen sind gegründet auf die in der Anlage angeführten Kriegsakten, Denkschriften, Werte und Tagesvermerke des Oberbefehlshabers. Sie bezwecken nach Maßgabe des vorläufigen Standes kriegsgeschichtlicher Forschung eine richtunggebende Ergänzung bisher veröffentlichter Schriften und Bücher, von denen Stegemanns erster Band die geheimen Lenkfäden der Heerführung mit hervorragendem Ahnungsvermögen vielfach auffindet und die Zusammenhänge der Strategie mit großer Bildekunst hervorhebt. Ihre Grundlage ist eine Denkschrift des Oberkommandos der I. Armee, welche ihre Entstehung der leitenden Hand des Chefs verdankt und während der Kämpfe im Stellungskriege an der Aisne in den Wintermonaten 1914/15 verfaßt wurde. Große Ereignisse standen frisch und unverwischt im Gedächtnis aller beteiligten Stellen. Durch Niederschrift dieses Berichtes und ihre Weitergabe an einzelne hohe Offiziere sollte allen Unklarheiten und widerspruchsvollen Gerüchten über Aufgaben und Führung der I. Armee ein Ende gemacht, sollten die gewaltigen Leistungen der Armeekorps, des Kavalleriekorps und ihrer Führer mit Nachdruck in die richtige Beleuchtung gestellt werden. Diese Denkschrift, dieser Bericht hatte für die Gliederung des Stoffes die Feldzugsabschnitte Brüssel, Somme, Grand Morin, Ourcq, Aisne gewählt. Sie erscheint zweckmäßig; diese Rückblicke auf eine große Zeit werden ihr im wesentlichen folgen.

Der damalige Stand der Quellenforschung bis etwa April 1915 geht aus der Einleitung jenes Berichtes hervor; es erscheint daher wichtig, diesen im Wortlaut anzuführen.

„Der Darstellung des Verlaufes der Operationen der I. Armee vom Beginn des Vormarsches bis zum Eintreffen in der Aisne-Stellung liegen lediglich die Akten des Oberkommandos zugrunde. Es konnte zwar die jedesmalige operative Lage einwandfrei so geschildert werden, wie sie sich nach den beim Armee-Oberkommando vorliegenden Weisungen, Nachrichten und Meldungen darstellte und die Grundlage der zu fassenden Entschlüsse bildete, doch war es nicht möglich, diese und die damaligen Auffassungen im Zusammenhang mit der Gesamtlage irgendwie kritisch zu betrachten. Auch konnte die Ausarbeitung weder die Gefechtstätigkeit der Armeekorps (nicht einmal annähernd!) einwandfrei darstellen noch deren Ergebnisse gebührend würdigen. Dazu wäre einerseits Einblick in die Akten der Nachbararmeen und der Obersten Heeresleitung, anderseits das Durcharbeiten der Akten der Armeekorps und Divisionen erforderlich gewesen, die dem Armee-Oberkommando nicht zur Verfügung standen. Die in dieser Arbeit gegebene Darstellung der Ereignisse ist von den Generalkommandos der seinerzeit zur I. Armee gehörigen Armeekorps, soweit sie erreichbar waren, oder von Generalstabsoffizieren, die den Generalkommandos angehörten, auf ihre geschichtliche Richtigkeit hin geprüft worden.

Es erscheint nunmehr an der Zeit, die damaligen Quellen nochmals zu sichten, vom Standpunkt des Oberbefehlshabers zu erweitern, auch damals wegen Raum- und Zeitmangels

zurückgestellte Aktenauszüge, Befehle, Betrachtungen heran=
zuziehen und die Schilderungen der Ereignisse auf dem west=
lichen deutschen Heeresflügel im August=September 1914 in
ein helleres Licht zu rücken. Damit soll auch jenem „Bericht"
der Stempel unvergänglichen Wertes aufgedrückt werden
als einem Wegweiser im Gange reißender Heeresbewegung.
Eine nun zurückliegende mehrjährige Zeitspanne kommt einer
Erörterung in Ruhe zugute.

————————

1. Brüffel—Antwerpen.

Am 2. Auguft 1914 fand die erfte Befprechung des Ober=
befehlshabers der I. Armee mit dem zum Chef des
Generalftabes ernannten Generalmajor v. Kuhl ftatt, der
bisher als Oberquartiermeifter im Großen Generalftabe und
für den „Weften" tätig gewefen war. Noch am felben Tage
begab fich diefer nach Stettin, dem Formierungsorte des
Hauptquartiers der I. Armee. Der Oberbefehlshaber folgte
am Tage darauf. Am 4. Auguft fand der einleitende Vor=
trag des Chefs und des Oberquartiermeifters über die Auf=
gaben der I. Armee einen gänzlich übereinftimmenden Ab=
fchluß. Der Armee fiel als Flügelmann zur Rechten des
Gefamtheeres im Weften eine bedeutungsvolle Aufgabe in
Ausführung ausgreifender Bewegung und vermutlich ge=
waltiger Schwenkung durch Belgien, das Artois, vielleicht
bis in die Picardie zu. Erfichtlich waren weite Räume mit
harten Kämpfen zu durchmeffen und Hinderniffe zu über=
winden. Schnelligkeit der Bewegungen mußte Vorbedin=
gung des Erfolges fein, um das in der Ferne liegende Ziel
zu erreichen: zunächft die belgifche, dann die englifche Lan=
dungsarmee zu fprengen und franzöfifche Heeresteile anzu=
fallen.

Die beigefügte Kriegsgliederung der I. Armee umfaßte
zunächft das II., III., IV. Armeekorps, III. und IV. Referve=
korps und die Landwehr=Brigaden 10, 11 und 27. Das
IX. Armeekorps follte demnächft miteingegliedert werden.
Bei den beiden Refervekorps befand fich keine fchwere Ar=
tillerie, und deren Ausrüftung mit Mafchinengewehr=Kom=

pagnien war höchst ergänzungsbedürftig. Das III. Referve=
korps zählte deren fieben, das IV. nur vier. Die Gefamt=
ftärke der Armee betrug vorläufig 142 Bataillone, 37 Eska=
drons, 110 Batterien, 21 Pionier=Kompagnien. In rafcher
Aufftellung waren die zugehörigen fo überaus wichtigen Sani=
täts=, Munitions=, Verpflegungs= und Verkehrsformationen
begriffen. Unter der beherrfchenden Leitung des Chefs und
des Oberquartiermeifters, dann des Generalarztes und In=
tendanten erfolgten die Zufammenfetzung, Arbeitsglied=
rung, geiftige Durchdringung der Stäbe mit Ruhe und ftei=
gerten den gefpannten Dienfteifer und die brennende Be=
geifterung auf das Höchfte.

Am 7. Auguft abends konnte der Stab des Oberkom=
mandos von Stettin mit dem Fahrziel Grevenbroich in
Bewegung gefetzt werden. Der Zugverkehr der weftwärts
beförderten Truppen vollzog fich erkennbar mit notwendiger
peinlicher Ordnung. Bevölkerung und Truppen wetteiferten
in vaterländifchen Kundgebungen; die den Truppen feitens
des Tag und Nacht unermüdlich tätigen Roten Kreuzes und
feitens der übrigen Bevölkerung dargereichten Lebensmittel
gingen erheblich über das Notwendige hinaus.

Ununterbrochene Tätigkeit des Stabes gipfelte in
ernfter Arbeit, Vorträgen, Entfchlüffen, Nachrichtenermitt=
lung; die notwendige Erholung befchränkte fich auf ein Ge=
ringes. Glücklich erfchien die Zufammenfetzung des Stabes,
wie eine ereignisvolle Zukunft beftätigen follte.

Der Chef des Generalftabes der I. Armee, General=
major v. Kuhl, war ein hochbedeutfamer Mann, tatkräf=
tigften Charakters, umfaffenden Weitblicks, von großer
innerer wie äußerer Ruhe, höchfter Geiftesbildung und von
einer perfönlichen Tapferkeit auf Gefechtsfeldern, welche ge=
legentliche Mahnungen des Oberbefehlshabers erheifchte.

Oberft v. B e r g m a n n , Oberquartiermeifter, von der-
felben Rückfichtslofigkeit gegen fich in allen Gefahren, voll
lebendiger, nicht zu ermüdender Arbeitskraft, trat hervor als
forgfamfter Pfleger des wichtigften Organes im Heeres-
körper, des gefamten Wefens für Kolonnen, Trains, Verkehr,
Sicherung, Verbindung, Erfatz, Munition und anderes, ein
kraftvoller Hüter feines Dienftes im Hauptquartier.

Oberft v. B e r e n d t , in der Stellung als General der
Artillerie, erwarb fich größte Verdienfte bei Ausnutzung
feiner Waffe in entfcheidenden Kämpfen, im Bewegungs- wie
im Stellungskriege unter vorbildlich felbftlofem Einfatz feiner
Perfon in allen Schlachten, Treffen und Gefechten. In
Frankreich, an der Weichfel, der Donau, auf dem Balkan,
in Italien — überall erzwang er durch Einfatz feiner Waffe
achtunggebietende Erfolge. Er follte teilnehmen an größten
Entfcheidungen des Krieges.

Generalleutnant T e l l e war dem Oberbefehlshaber
durch die Belagerungsübung Pofen 1907 und als Kommandeur der Pioniere im Bereich des I. Armeekorps bei geift-
voller und dienftficherer Durchdringung feiner vielgeftal-
tigen Tätigkeit auf das vorteilhaftefte fehr nahe bekannt geworden. Tag und Nacht aufs äußerfte rührig, räumte er
auf feinem großen Gebiet bis in die vorderften Linien im
Kriege der Bewegung wie in dem der Stellung mit allen
Hinderniffen, Widerftänden, Irrtümern weit vorausblickend
auf — eine Vorbedingung beweglicher Führung der Maffen!

Im Stellungskriege befruchtete feine Einficht und Tat-
kraft die entfagungsvollen Arbeiten der ruhmreichen Pioniere
der I. Armee.

Ferner fei des im Laufe des Krieges zu früh für den
großen Verwaltungsdienft der Armee verftorbenen Armeeintendanten L i t t y , des Armeearztes und Obergeneralarztes

Dr. Thel in seiner großzügigen Fürsorge des gesamten Sanitätsdienstes sowie aller Mitarbeiter im Stabe rühmend und dankbar gedacht. Bei einem solchen Gefüge des Armee=stabes, dessen Charakter sehr bald hervortrat, konnte man vertrauensvoll den großen Wechselfällen des Krieges ent=gegensehen. Ernster, fester Wille war bei allen Mitgliedern des Oberkommandos vertreten. Die führenden Männer waren sich des Moltkeschen Wortes bewußt: „Wenn man be=denkt, wie wenig von den Erfolgen man sich selbst zuzu=schreiben hat, und daß Gott in den Schwachen groß ist, so lernt man von selbst Bescheidenheit." Dazu überwies der unsterbliche Meister des Krieges das Hauptverdienst am Ge=lingen „den braven Truppen, die, wohin man sie auch weist, zu siegen wissen."

Die im Krieg und Frieden gemachten Erfahrungen eines langen Lebens und die Früchte vierzigjähriger kriegsgeschicht=licher Studien zusammenfassend, legte der Oberkomman=dierende folgende Gedanken nieder, die durch die Chefs der Armeekorpsstäbe im Vortragswege den Kommandierenden Generalen der Armee zugänglich gemacht wurden:

„Die Regler beweglicher, erfolgreicher Kriegführung sind kriegsmäßig ausgebildete, in Zucht gehaltene Truppen und Ausnutzung der Zeit. Schnelligkeit ohne Hast in der niederen wie höheren Führung, Steigerung der angeborenen Tapferkeit als höchstes Gut wachsen aus solchen Grundlagen hervor. Die Tage während des Armeeaufmarsches und die folgenschwere Zeit nach diesem in allen Lagen, in denen es mit Stunden, Minuten zu geizen gilt, soll und muß fort=dauernd der Erhaltung und Steigerung der Kriegs=brauchbarkeit der Truppe gewidmet sein. Gefechts=mäßige Handhabung der Waffe im Quartier, Biwak oder wo es sei, vor Beginn des Bewegungskrieges und nach ihm,

ſchließt bisherige Lücken im wirkungsvollen Gebrauch der
Waffen bei eingezogenen Mannſchaften, denen infolge geſetz=
licher Hinderung Übungsgelegenheiten gemindert waren. Dies
trifft für alle Waffen der Linie, der Landwehr, der Etappen=
und Traintruppen zu.   Ohne Übermüdung, aber belebend,
das Selbſtvertrauen ſtärkend, ſtellt ſie eine **M e h r u n g   d e r**
m o r a l i ſ c h e n   K r a f t des Mannes dar. Dieſe iſt das
Fundament gefechtsmäßiger Tätigkeit.   Jede menſchliche
Leiſtung in ihren Höchſtzielen bleibt im Kriege erreichbar,
wenn auch die unteren Führer das eine Ziel im Auge be=
halten: **W a f f e n e r f o l g   g e g e n   Ü b e r l e g e n h e i t.**
Gerüchtweiſe, mindergroße Waffenleiſtungen des Feindes als
vorweg zu nehmenden Gewinn anzuſehen, ſtellt einen
ſchweren Fehler dar.   Er verſchleppt Erreichbares und ver=
kümmert ſchnelle, ſchwierige und nur mit Aufbietung der
äußerſten Kraft zu erreichende Erfolge.   Der Wege, die Ge=
fechtskraft zu erhöhen, zu erhalten, ſind unzählige.   Sie paſſen
ſich dem Charakter, der Geiſteskraft der Führer an.   In das=
ſelbe Gebiet gehören tägliche Überwachungen höchſter Marſch=
fähigkeit mit ihren zahlreichen heranſchleichenden Fehlſtellen
hinſichtlich Wundlaufen, innerer wie äußerer Schäden, des
Beſchlags, der Sehnen, der Druckſchäden; dann raſtloſe För=
derung der Munitions= und Verpflegungsfrage, der geſamten
Geſundheitspflege von allen Befehlsſtellen bis zum Armee=
Oberkommando hinauf.   Jedes Nachlaſſen auf nur einem
dieſer Gebiete mindert die Gefechtskraft der Armee.   Arg=
wöhniſch ſind alle Abgänge zu überwachen — ſie ſeien denn
durch den Zwang der Lage geboten.   Kein Gewehr, keine
Lanze darf in der Gefechtsentſcheidung fehlen.   Es iſt ein
Gebot eiſerner Notwendigkeit in unſerer Kriegslage.“
       Vier taktiſche Geſichtspunkte waren als erwähnenswert
beigegeben.   Derartige oder ähnliche Hinweiſe ſeitens der

Armeekorps konnten mit dazu beitragen, die überquellende frohe Begeisterung der Truppen mehr abzulenken auf den Ernst kommender Tage.

Der zunächst wichtige Armeebefehl wurde während der 49stündigen Eisenbahnfahrt Stettin—Grevenbroich entworfen und nach Ankunft im Aufmarschgebiet am 10. August erlassen: „Die I. Armee marschiert auf dem äußersten rechten Heeresflügel auf. Sobald die Versammlung im Aufmarsch=gebiet vollendet ist, wird sie sich auf Aachen zusammenziehen und unter Vermeidung holländischen Gebietes an den nördlich Lüttich zwischen Visé und Herstal über die Maas führenden Straßen bereitstellen. Das Zusammenziehen der Armee auf Aachen und ihre Vorführung über die Maas muß schnell er=folgen. Die Versammlung auf engstem Raum und der tief=gegliederte Vormarsch erfordern sorgfältige Vorbereitungen. Große Marschleistungen werden verlangt werden!"

Diesem Befehl lag folgende Aufmarschanweisung der Obersten Heeresleitung zugrunde:

„Die Hauptkräfte des deutschen Heeres sollen durch Bel=gien und Luxemburg nach Frankreich vorgehen. Ihr Vor=marsch ist als Schwenkung unter Festhalten des Drehpunktes Diedenhofen—Metz gedacht. Falls Belgien sich dem Durch=marsch widersetze, solle Lüttich, um die durch diese Festung ge=sperrten Marschstraßen freizumachen, durch die II. Armee ge=nommen werden. Hierzu waren dem Kommandierenden Ge=neral des X. Armeekorps auch die 11. Infanterie=Brigade des III. Armeekorps und die 14. des IV. Armeekorps von der I. Armee unterstellt. Die I. Armee sollte, sobald das zunächst noch der II. Armee zugeteilte IX. Armeekorps vorgezogen wäre, in Richtung Aachen vorrücken. Nach der Wegnahme von Lüttich und nachdem sich die I. und II. Armee in Höhe von Lüttich an der Vormarschstraße bereitgestellt, werde der allgemeine Vormarſch der Hauptkräfte von der Oberſten Heeresleitung befohlen.

„Die II. Armee marſchiert mit dem rechten Flügel auf Wawre; die I. Armee wird Befehl erhalten, auf Brüſſel zu marſchieren, und die rechte Flanke des Heeres decken. Ihr Vorgehen wird, neben dem der II. Armee, für die Schwenkung des Heeres maßgebend ſein.“

Der höhere Kavalleriekommandeur 2 — 2., 4., 9. Kavallerie-Diviſion — war zunächſt der II. Armee unterſtellt; er ſollte beim Beginn des Vormarſches unmittelbar unter die Oberſte Heeresleitung treten und nördlich Namur gegen die Linie Antwerpen—Brüſſel—Charleroi vorgehen, um den Verbleib des belgiſchen Heeres, eine etwaige Landung engliſcher Truppen und ein Auftreten franzöſiſcher Kräfte im nördlichen Belgien feſtzuſtellen. Er hatte auch das Oberkommando der I. Armee mit Meldungen zu verſehen.

Inzwiſchen vollzog ſich der Aufmarſch der I. Armee vom 7. bis 15. Auguſt auf dem linken Rheinufer nordöſtlich Aachen mit dem Etappenhauptort Düſſeldorf reibungslos. Beim Eintreffen des Armee-Oberkommandos in Grevenbroich am 9. Auguſt abends war die Lage wie folgt: Die Stadt Lüttich iſt nach dem Fall des Forts Barchon — 8 Kilometer nordöſtlich Lüttich gelegen und rechts der Maas an der ſüdlichen der zwiſchen der holländiſchen Grenze und der Feſtung nach Weſten ziehenden Vormarſchſtraßen — genommen und vom General v. Emmich mit drei Brigaden beſetzt. Die Beſchießung der anderen Forts wird vorausſichtlich am 10. Auguſt beginnen. Die Brücke von Viſé iſt zerſtört. In Brüſſel ſollen ſich außer belgiſchen auch franzöſiſche Truppen befinden. Jedoch iſt das hier in Betracht kommende 2. franzöſiſche Armeekorps geſtern bei Diedenhofen feſtgeſtellt. Wahrſcheinlich werden Engländer in Zee-

brügge ausgeſchifft. Die Ausladungen der fechtenden Trup=
pen der I. Armee, die des III. und IV. Armeekorps werden
am 11., des II. am 12., des III. Reſervekorps am 13., des
IV. Reſervekorps am 14. beendet ſein. Als Tag des Vor=
marſches durch Aachen wird der 14. Auguſt in Ausſicht ge=
nommen.

Am 10. klärte ſich die Lage etwas. Die 2. und 4. Ka=
vallerie=Diviſion haben, über Saint Trond vorgehend, Teile
der belgiſchen Kavallerie=Diviſion auf Tirlemont zurück=
getrieben. Auch bei Dieſt, 50 Kilometer ſüdöſtlich Ant=
werpen, iſt feindliche Kavallerie gemeldet. Der 9. Kavallerie=
Diviſion vom Kavalleriekorps des Generals v. d. Marwitz
gelingt es nicht, zwiſchen Lüttich und Huy die Maas zu über=
ſchreiten. Teile des IX. Armeekorps ſind nördlich Lüttich
an und über die Maas geſchoben. Die Wiederherſtellung
der Brücke bei Viſé iſt im Feuer des Forts Pontiſſe nicht
möglich, deshalb wird nördlich davon bei Lixhe durch das
X. Armeekorps eine Brücke geſchlagen. Auch die Brücke bei
Argenteau iſt zerſtört, die bei Herſtal in unſerer Hand. An
unterbrochenen und aufgeriſſenen Straßen ſind zahlreiche
Ausbeſſerungen nötig. Die nicht geklärte Lage um Lüttich
läßt vorab Entſchlüſſe nicht zu. Es wird lediglich der ſchwie=
rige Vormarſch durch Aachen vorbereitet. Um 9 Uhr abends
trifft Befehl der Oberſten Heeresleitung ein: „Die Bereit=
ſtellung der I. Armee an den gemäß Aufmarſchanweiſung
zugewieſenen Marſchſtraßen bis in Höhe von Lüttich hat ſo=
gleich zu beginnen. IX. Armeekorps noch bei der II. Armee.
Dieſes wird Straßen mit Eintreffen der I. Armee räumen."

Als Tag des Vormarſches durch Aachen wird darauf=
hin ſtatt des 14. der 13. Auguſt feſtgeſetzt; für den 12. werden
Verſchiebungen behufs Bereitſtellung der Armeekorps zum
Vormarſch angeordnet und ſollen mit den Anfängen er=

reichen: das II. Armeekorps Herzogenrath, das IV. Birk, das
III. Weiden, das III. und IV. Reservekorps nach Maßgabe
ihrer Ausladungen folgen, die an weiter vorwärts gelegenen
Orten stattfinden können. Allenfalls steht diesen beiden Re=
servekorps frei, einen Tag später anzutreten.

Am selben Tage, dem 10. August, wurde die wichtige
Anweisung für den Durchmarsch von Aachen gegeben: „Die
Stadt wird voraussichtlich auf drei Straßen durchschritten
mit dem II. Armeekorps und III. Reservekorps über Her=
zogenrath—Richterich—Westrand von Aachen — F. Adams=
häuschen—Höhe 341 der Generalstabskarte—Gemmenich;
mit dem IV. Armeekorps und IV. Reservekorps über Birk
westlich Euchen—Würselen—Aachens Mitte—Preußisch Mo=
resnet; mit dem IX. und III. Armeekorps Weiden—
Haaren—Ostteil von Aachen—Eynatten; eine Skizze war
beigegeben. — Der Kommandant von Aachen, Generalmajor
v. Stumpff, hat die Marschstraßen in ihrem Zuge durch
Aachen festzulegen, zum Zweck der Geheimhaltung nicht mit
den Nummern der Armeekorps zu bezeichnen und sie gegen
die übrigen Teile der Stadt abzusperren. Er hat, sobald der
Vormarsch befohlen ist, den Armeekorps, welche angewiesen
sind, Verbindung mit ihm aufzunehmen, Skizzen der für sie
ausgewählten Straßenzüge entgegenzusenden. Er ist ver=
antwortlich, daß der Durchmarsch durch die Stadt ohne
Stockungen im Fluß bleibt und daß die Truppen keine an=
deren als die zugewiesenen Straßen benutzen. Den Truppen
ist befohlen, seinen Anordnungen unbedingt Folge zu leisten.
Jede Unordnung ist mit rücksichtsloser Strenge im Keim zu
ersticken. Die reibungslose Durchführung des Marsches
durch Aachen ist Vorbedingung für das Gelingen des dem=
nächstigen Vorführens der Armee über die Maas."

Zeitgewinn bedeutete zunächst alles. Weisungen über

Zuteilung von Offizieren und Truppen für den Komman=
danten, Nichtbelegung der Stadt außer mit höchsten Stäben,
Verbindunghalten mit der II. Armee und dem IX. Armee=
korps, Angaben über vorauszusehende Dauer des mehr=
tägigen Durchmarsches schlossen sich an. Damit schienen die
Bewegungen einer Masse von über 200 000 Mann mit dem
gesamten Troß durch eine Stadtenge von nicht zwei Kilo=
metern Breite angesichts der Umsicht seitens der Armeekorps
und bei der Marschzucht ausgezeichneter Truppen gesichert.
Zeitpunkt und weitere Marschziele blieben noch vorbehalten.

Die Lage bei Lüttich schien am 11. August unverändert.
Nach Ansicht des Armee=Oberkommandos II ist die verfüg=
bare schwere Artillerie unzureichend, so daß noch nicht ab=
zusehen sei, wann die nördlichen Forts genommen werden
könnten. Vor deren Fall sei es untunlich, die Marschstraßen
zwischen Aachen und der Maas seitens des IX. Armeekorps
freizugeben und den Vormarsch nördlich um Lüttich anzu=
treten. Demgegenüber bestand bei der Obersten Heeres=
leitung eine günstigere Auffassung, auf Grund deren der
vorerwähnte Befehl zur beschleunigten Bereitstellung zum
Vormarsch gegeben wurde. Nach den bis zum Abend des
11. August eingehenden Nachrichten scheint die belgische
Armee in Linie Antwerpen—Löwen—Namur aufzumar=
schieren. Das II. Kavalleriekorps bleibt bei St. Trond,
dessen 9. Kavallerie=Division südwestlich Lüttich; Kavallerie=
korps I geht auf Dinant.

Lagen somit die Ziele der ersten Bewegungen des rech=
ten deutschen Flügels klarer zutage, so gestalteten sich die
Bedingungen für diesen Zweck sehr schwierig. Schon der
Vormarsch auf die Enge von Aachen mußte vor Beendigung
der Ausladungen von Munitionskolonnen und Trains der
Armeekorps erster Linie und der fechtenden Truppen der

Armeekorps zweiter Linie begonnen werden, so daß den ein=
zelnen Korps keine Zeit zum Aufschließen in sich gewährt
werden konnte.

Beide Reservekorps hatten unmittelbar nach tagelanger
Fahrt äußerst anstrengende Märsche bei drückender Hitze
zurückzulegen. Die Marschform der I. Armee bestand in
dichter Marschfolge von zwei Armeekorps auf je einer der
drei über Aachen dicht nebeneinanderlaufenden Straßen, die
sich bis zur Maasenge nördlich Lüttich und noch über diese
hinaus nur um ein Geringes in ihrer Gesamtbreite erweitern
ließ. Es wurde für jede der drei Marschstraßen ein Kom=
mandierender General bestimmt, der die gemeinsamen, den
Marsch, die Unterbringung, die Verpflegung und den Nach=
schub angehenden Weisungen zu erlassen hatte. Die Etappen=
inspektion schob Verpflegungszüge vor, da das Armee=Ober=
kommando forderte, daß die Maas mit der vollen Verpfle=
gung am Manne erreicht werde. Bei Aachen ließ das Ober=
kommando Haubitzbatterien gegen Fliegerangriffe bereit=
stellen, alle Straßen an der in der rechten Flanke des Vor=
marsches gelegenen holländischen Grenze schließen; es befahl
ferner, die Vormarschstraßen eingehend zu erkunden, deren
Instandsetzung vorzubereiten und alle Kunstbauten zu be=
wachen.

Diese Bewegungen und leiblichen Versorgungen der
Massen durch eine im Verhältnis zur Größe des Heeres=
stromes äußerst begrenzte Stadtenge stellen, im einzelnen
wie in der Gesamtheit betrachtet, für die Forschung eine
Quelle reichster Belehrung dar.

Niemals in seinem bewegten militärischen Leben bot sich
dem Oberbefehlshaber ein derartiges Schauspiel dar, wie
beim Vormarsch begeisterter, endloser Kolonnen durch die
ehrwürdige Kaiserstadt! —

Um den fpäteren fchnellen Aufmarfch der Armee zu er=
möglichen, empfahl das Oberkommando, hinter jeder Division
die großen Bagagen oder ihre eigenen Verpflegungsfahr=
zeuge, hinter der zweiten Division einen zweitägigen Ver=
pflegungsvorrat und am Ende der Kolonne den Reft der
erften Staffel der Munitionskolonnen und Trains mar=
fchieren zu laffen. Die zweite Staffel beider Korps konnte
vereinigt und mit Abftand dem hinteren Armeekorps folgen.
Den Refervekorps war, wie erwähnt, geftattet, die Aus=
ladungsorte vorzulegen, auch die Wahl der Marfchziele felbft
zu beftimmen; beides zur Erleichterung ihres mühevollen
Vormarfches. Erkundung der Maas und ihres Kanals, An=
ordnungen für Vorfchieben von Brückengerät, Brückenbau,
Flußübergang, deffen Sicherung nebft vielfeitigen ander=
weitigen Vorarbeiten übernahm der Generalleutnant T e l l e
als General der Pioniere der I. Armee. Auch erfte Betrach=
tungen über den Angriff auf Antwerpen konnten auf Grund
der Denkfchriften fchon in Grevenbroich ftattfinden.

Während am 12. Auguft die den Vormarfch einleitenden
Erkundungen und Verfchiebungen von Truppen fich rührig
vollzogen, traf früh die Nachricht von dem Fall des Forts
Evegnée ein, dem nach Südoften an Barchon anfchließenden.
Die Befchießung der Forts Fléron, Chaudfontaine, füdlich der
genannten auf der Oftfront, follte am Abend einfeßen. Aber
fchon war die Fortlinie in der Nordoftfront eingeriffen, und
die I. Armee erhielt Luft für den Vormarfch. Diefer begann
tags darauf 9 Uhr morgens und ging ohne Störung gegen
die Maaslinie Vifé—Herftal vonftatten. Mit den Haupt=
trupps der Vorhuten erreichten das II. Armeekorps Sippen=
aeken, das IV. Hombourg, das III. Lontßen. Der Weiter=
marfch für das rechte Armeekorps zielte über Sinnich—St.
Martin—Fouron le Comte auf Lirhe und Vifé, für das mitt=

lere über Chèvemont—Hagelstein—Neufchateau auf Argen=
teau, das linke über Crosenberg—Henri Chapelle—Clermont—
Battice—Barchon auf Herstal, die letztgenannten Orte der drei
Straßen im Maastal gelegen. Das Hauptquartier ging von
Grevenbroich nach Aachen, der Armeeführer in das gastliche
Haus des Regierungspräsidenten v. Sandt, der in Ausübung
seines staatsmännischen Berufes, zunächst im später besetzten
Brüssel, dann in Warschau ein Opfer der Arbeit im Kriege
wurde — ein schwerer Verlust! Seitens des IX. Armeekorps
war das Gelände südlich der Marschstraße des III. rechtzeitig
geräumt und unmittelbare Fühlung beider Korps unterein=
ander gewonnen worden. Die Maasbrücken bei Visé und
Argenteau waren gestört gemeldet, die bei Herstal bedingt
brauchbar befunden; bei Lixhe nördlich von Visé war eine
Kriegsbrücke inzwischen fertiggestellt, bei Visé der Bau ein=
geleitet. Nachmittags 5 Uhr 25 teilte die II. Armee den Fall
des Forts Pontisse mit. Links der Maas beherrschend
gelegen, verriegelte es bisher den von der I. Armee
zu erzwingenden Stromabschnitt zwischen Lüttich und der neu=
tralen Grenze zur Rechten der Armee. Das Überschreiten
der Maas mit Massen war ermöglicht, gewichtiger Zeitgewinn
zugunsten der Entfaltung der I. Armee und des Feldzugs=
entwurfes im Westen gewonnen. General v. Emmich, und
unter ihm Generalmajor Ludendorff an der Spitze einer Bri=
gade, hatte die Stromfessel auf der Nordostfront der neuzeit=
lich ausgebauten Festung zerschlagen. Die westlich Pontisse
gelegenen Forts Liers und Lantin störten einstweilen noch
die Berechnungen im Oberkommando.

Nachrichten über die Belgier ließen drei bis vier Divi=
sionen in Gegend Löwen—Wawre mit Vortruppen bei Diest—
Tirlemont, je eine Division bei Antwerpen und Namur er=
kennen, teilweise vermuten. Französische Transporte schienen

nach Brüssel und auf Namur—Dinant gerichtet zu sein, die
Engländer mit Teilen bei Ostende, mit stärkeren Kräften bei
Dünkirchen—Calais auszuladen. Meldungen der Kavallerie
deuteten Versammlung starker feindlicher Reiterei östlich
Brüssel an.

Auf Antrag der I. Armee bei der II. wurde die Vereini=
gung der bislang südwestlich Lüttich rechts der Maas stehen=
den 9. Kavallerie=Division mit Marwitz angeordnet. Seine
Divisionen leiden unter Hafermangel und Knappheit an Mu=
nition. Beidem wird durch ad hoc schleunigst gebildete Kraft=
wagenkolonnen unter Führung des tatkräftigen Hauptmanns
v. Lekow vom Stabe des Oberkommandos abgeholfen.

Nach Angaben des französischen Majors Gedel in seinem
Buche vom Januar 1916 „Der Feldzug 1914. Die Marne=
schlacht" betrug die Stärke der belgischen Armee beim Beginn
des Krieges 117 000 Mann; 93 000 Gewehre, 6000 Säbel,
324 Geschütze, 102 Maschinengewehre. Angeblich befand sich
die in sechs Divisionen und eine Kavallerie=Division ge=
gliederte Armee am 3. August in folgender Aufstellung oder
Bewegung:

1. Division im Marsch von Gent nach Thienen (Tirle=
mont), 2. von Antwerpen nach Löwen, 5. von Mons nach
Pervez, 6. von Brüssel nach Wawre, 4. Festungsbesatzung von
Namur, 3. die von Lüttich. Die Kavallerie=Division befand
sich auf dem Marsche nach Barenne — von wo, verschweigt
Gedel.

Auf Grund der bisherigen Nachrichten und den beim
Oberkommando herrschenden Ansichten glaubte man mit einer
einheitlichen Verwendung des größeren Teils der belgischen
Armee nicht rechnen zu müssen. Zutreffenden Falles mußte
dieser Umstand auf das schwierige Heraustreten der I. Armee
aus der 50 bis 70 Kilometer Marschtiefe umfassenden Enge

Aachen—Vifé—Herstal günstig einwirken. Anders lagen die
Dinge, wenn es dem belgischen Heere geglückt wäre oder in
seiner Aufgabe gelegen hätte, dem Vormarsch der I. und II.
Armee mit vereinigten Kräften und unter operativer Aus=
nutzung von Lüttich, Huy, Namur energischen Widerstand
entgegenzusetzen und das Aufreißen der Fortlinien zu ver=
hindern. Schwerwiegender Zeitverlust hätte alsdann den
deutschen Flügelarmeen auferlegt werden können. Im
Strome der Ereignisse eines Völkerringens aber bedeutet Zeit=
ersparnis ohnehin eine Minderung im Verlust kostbaren
Blutes der ihr alles hingebenden, tapferen Krieger. Jeder
Führer sei sich dieses Grundsatzes bewußt, täglich, stündlich,
besonders in Krisen, an erster Stelle das führende Oberkom=
mando einer Armee. Das Beispiel befruchtet die Denkweise
der Nachgeordneten. Man verfolge diesen Leitsatz — der als
schwerer Hebel einer beweglichen, alle eilend dargebotenen
Gewinne des jeweiligen flüchtigen Tages einheimsenden
Kriegführung gedacht ist — in der Schlachtenfolge der kom=
menden Tage und mit dem schweren Ringen an der Marne.
Dies wird vorwiegend — hüben wie drüben — mit dra=
matischem Einschlag starke Beläge dieses gebietenden Gesetzes
im Bewegungskriege scharfer Beleuchtung aussetzen. Lege
artis praeceptiva.

Am 14. August erreichte die I. Armee mit den vorderen
Korps, dem II., IV., III., die Maas, beide Reservekorps in
zweiter Linie, die belgische Grenze westlich Aachen; am 15.
das II. Korps Bilsen, 20 Kilometer westlich Mastricht, das
IV. Membrügge, das III. Nederheim bei Tongres und hier=
mit die Demer=Übergänge. Das Herausbrechen der Armee
aus der belastenden Enge war damit gesichert. Im Besitze
der Demer=Linie soll die I. Armee in Übereinstimmung mit
der Obersten Heeresleitung zunächst in sich aufschließen. Die

noch kämpfenden Forts der Südwest= und Südfront fallen nach Einnahme von Liers und Lantin rasch nacheinander durch Anwendung der 42 cm=Geschütze. Das IX. Armee= korps wird der Armee unterstellt, und die gegen Lüttich ver= wendeten Brigaden des III. und IV. Armeekorps treten am 16. in ihren Korpsverband zurück. Der rechte Flügel der II. Armee erreicht heute — am 14. — mit dem VII. Armee= korps Lantin beim gleichnamigen Fort der Nordwestfront des niedergebrochenen Fortskreises der Festung. Die Belgier stehen weit ab von der Maaslinie hinter dem Gette=Fluß, von Diest bis Tirlemont und bei Wawre, westlich dahinter auch Truppen bei Löwen. Vom Südring von Lüttich fallen die letzten Forts im Laufe des Tages, desgleichen die Feste Huy. Das 1. und 2. französische Korps scheinen noch in dem oberen Maas=Abschnitt Namur Verstärkungen von Südwesten nach ihrem linken Flügel, rechts der Belgier, heranzuführen. Bei schnellem Vormarsch des rechten deutschen Heeresflügels ist zu hoffen, daß solche Kräfteverschiebung mißlingt oder zum wenigsten empfindlich gestört wird.

Aus dieser Anschauung der Lage setzt die I. Armee am 17. August den Vormarsch fort, indessen die II. Armee stehen= bleiben will. Mit den Vorhuten kommen das II. Armee= korps bis Kermpt an der Eisenbahn Hasselt—Diest, das IV. bis Stevort, III. nach Gorssum nordwestlich St. Trond, IX. Brusthem südöstlich St. Trond, III. Reservekorps bis Visé, IV. Reservekorps St. André, diese beiden an den Austritt aus der Enge nach Westen. Das Hauptquartier wird von Aachen nach Glons verlegt über Lüttich, woselbst eine Be= sprechung der Oberbefehlshaber der Flügelarmeen I und II mit den Chefs ihrer Stäbe stattfindet.

Nachmittags 4 Uhr 30 befiehlt die Oberste Heeresleitung: „I. und II. Armee und der höhere Kavalleriekommandeur II

2*

(Marwiß) werden für das Vorgehen nördlich der Maas dem Oberbefehlshaber der II. Armee unterstellt. Der Vormarsch ist am 18. 8. anzutreten. Es kommt darauf an, die in Stellung zwischen Diest—Tirlemont—Wawre gemeldeten feindlichen Kräfte von Antwerpen abzudrängen. Die spätere Verwendung der beiden Armeen ist aus der Linie Brüffel— Namur unter Sicherung gegen Antwerpen beabsichtigt."

Gründe für diese unerwartete Unterstellung wurden nicht mitgeteilt. Der Oberbefehlshaber der I. Armee be= trachtete sie als eine die Führung seiner Armee beengende Maßnahme, welche durch rechtzeitige Anweisung an beide Armeen anscheinend zweckentsprechender zu ersetzen gewesen wäre, bei einer gleichzeitigen Unterstellung des Kavallerie= korps v. der Marwiß unter die I. Armee. Denn man konnte erwägen, daß die beiderseits angelehnte II. Armee die Lösung ihrer Aufgaben vielleicht mehr nach der taktischen Seite, die I. Armee die ihrigen zunächst überwiegend in stra= tegischer Richtung suchen müßten. Nicht übereinstimmende Anschauungen erschienen bei dem Drange der Lage der I. Armee nicht ausgeschlossen und erschwerend für diese. In= dessen deckte sich der zweite Saß jener Anweisung des Chefs des Generalstabes des Feldheeres mit den Ansichten des Oberbefehlshabers der I. Armee und der des Chefs seines Stabes.

Am Abend dieses 17. August standen die vier Korps erster Linie in Greifweite der belgischen Armee an der Gette gegenüber.

Die Gette als Zufluß des Demer stellt ein durch aus= gedehnte Wiesen mit streckenweise schwankendem Untergrund, vielfach nur auf Übergängen und mit Hilfe von Notstegen zu überwindendes Hindernis dar. Gräben und Drahtein= fassungen hemmen freiere Bewegung. Auf dem für die I. Armee in Betracht kommenden unteren Lauf beschreibt die

Gette einen nach Osten ausspringenden mäßigen Bogen, der für eine Umfassung aus dieser Angriffsrichtung durch die Orte Haelen—Geet = Betz—Budingen—Tirlemont umschrieben wird. Breite und Tiefe des Bettes wechseln unter Begleitung von Nebenarmen. Die Geländebewegung des westlichen Ufers überhöht die des östlichen, besonders bei Diest, Haelen, westlich Budingen, nördlich Tirlemont.

„Armeebefehl für den 18. August. A. H. Q., Glons, 17. 8. 14, 11 Uhr 15 abends.

„1. Gegner in Stellung Linie Diest—Tirlemont—Wawre, anscheinend bei Löwen stärkere Kräfte dahinter.

„2. Die Armee greift morgen unter Umfassung des linken feindlichen Flügels an, um ihn von Antwerpen abzudrängen. Es gehen vor: II. Armeekorps über Beeringen—Pael—Veerle und über Kermpt—Lummen—Diest mit je einer Division zur Umfassung des Feindes; IV. Armeekorps über Herck la Ville—Rummen—gegen Haegen—Geet=Betz. Es beläßt 8 Uhr 30 vormittags bei Stevort drei Bataillone, einen Zug Kavallerie, drei Batterien zu meiner Verfügung; III. Armeekorps über Nieuwekerken—Gorssum auf Budingen—Neerlinter; IX. Armeekorps aus Richtung St. Trond auf Oplinter—Tirlemont; es hält starke Reserven auf seinem linken Flügel gegen etwaigen Vorstoß des Feindes aus Gegend südwestlich Tirlemont.

„3. Die 2. Kavallerie=Division ist der Armee unterstellt. Sie geht über Veerle vor, um dem Feind den Rückzug abzuschneiden.

„4. Die Linie Pael—Lummen—St. Trond ist von den Armeekorps um 8 Uhr vorm. zu überschreiten.

„5. Die Bagagen, Kolonnen und Trains, außer Gefechtsstaffeln, dürfen nicht über die Linie Hasselt—Looz vorgezogen werden.

„6. Fliegeraufklärung: II. Armeekorps nördlich des Demer Richtung Antwerpen; IV. Armeekorps Richtung Aerschot—Malines; III. Gegend von Löwen; IX. Gegend Tirlemont—Wawre.

„7. III. Referekorps erreicht über Bilfen—Beverft Korpshauptquartier Bilfen.

„8. IV. Referekorps erreicht über Argenteau—Tongres Korpshauptquartier Tongres.

„9. Armee-Oberkommando 8 Uhr 30 vorm. Stevort, wohin durch die Armeekorps bis zu diefer Zeit Fernsprechverbindung zu legen.

„10. II. Armee erreicht morgen mittags mit rechtem Flügel — VII. Armeekorps — Wamont. Die I. Armee ist dem Armee-Oberkommando der II. Armee unterstellt. — Alle Zeitangaben nach deutfcher Zeit. — (gez.) v. Kluck."

Hiernach schienen die für den Angriff maßgebenden Gesichtspunkte eingeleitet: Verhinderung oder Störung der Vereinigung französfifcher Truppen mit belgifchen, obwohl die II. Armee am 17. stehenzubleiben sich genötigt sah. Es deckte deren VII. Armeekorps vom 18. mittags an mit den starken Referven des IX. Armeekorps die linke Flanke der I. Armee. — Ferner Angriff mit vermutlich überlegenen diesfeitigen Kräften in breiter Front zum Raumgewinn auf Löwen—Brüffel. Damit verbunden Abdrängen belgifcher Heeresteile von Antwerpen und Durchfchneiden der Verbindungen nach der Festung in einem verwickelten Niederungsgelände. — Vorkehrungen gegen Hemmungen des Stoßes IX. Armeekorps, durch deffen starke Staffelung links in sich und zum III. Armeekorps. — Die Maffe des Kavalleriekorps Marwitz stand wegen anderweitiger, tief nach Westen zielender Aufgaben lediglich dem Armee-Oberkommando II zur Verfügung. — Die Referekorps der I. Armee löften sich heute

mit allen fechtenden Truppen aus den Maasengen. — Die
I. Armee war in zwei Gruppen gestaffelt, vier Armeekorps
in der Front, zwei im Rückhalt. Von diesen werden starke
Kräfte demnächst auf Antwerpen-Südfront einzuschwenken
haben. So etwa der Umriß der Lage.

Der Feind wich dem Kampf teilweise ohne Berührung
mit dem Angreifer aus, gegenüber dem II. Armeekorps bei
Diest und dem IX. bei Tirlemont erst nach heftigem Wider-
stande. Das Zurücknehmen der feindlichen Mitte war rechtzeitig eingeleitet, der Widerstand der Flügel dem Gegner
dienlich als Ergebnis zweckmäßiger Führung. Die belgische
Armee ging auf Rillaer—Winghe St. Georges—Höhen
westlich Tirlemont in eine anscheinend vorbereitete Stellung
zurück. Die I. Armee gewann am Abend des 18. mit ihren
nachdrängenden Truppen die Linie Herssent—Montaigue—
Winghe St. Georges—Glabbeek Suerbempde—Tirlemont.
Eine Teilnahme französischer Truppen an den Kämpfen der
belgischen war nicht erkannt. Die vorsichtige, ausweichende
Führung der belgischen Armee ließ darauf schließen, daß sie
vorläufig in Flandern sich größerer deutscher Überlegenheit
gegenüber fühlte und daher die Ausnutzung der Brialmont-
schen Werke von Antwerpen ungleicher Kräftemessung vor-
zog. Weiterer schneller Druck der Armee auf Brüssel ließ
indessen Klärung der Lage erwarten, zumal die II. Armee
links gestaffelt der I. Armee folgte.

Seit Überschreiten der belgischen Grenze war das Vorgehen der Armee von tückischen Handlungen der angeblich
seitens ihrer Behörden angestachelten Bevölkerung begleitet.
Heckenschützen traten täglich auf, scheußliche Morde an Offizieren und Mannschaften häuften sich, belgische Soldaten in
Verkleidungen beteiligten sich. Das Völkerrecht wurde mit
Füßen getreten. Warnende, drohende Aufrufe hatten keine

Wirkung. Harte, unerläßliche Vergeltungsmaßnahmen
seitens der zuständigen Truppenbefehlshaber waren die
Folge, um solche Erscheinungen zu ersticken. Standrechtliche
Erschießungen und Strafbrände in und hinter der Front
mehrten sich und brachten nur langsam Abhilfe. Innerhalb
wie außerhalb des Quartiers war es ratsam, die Waffe zur
Hand zu haben, hinauf bis in die höheren Stäbe hinter der
ausschreitenden Armee. Die jedesmalige Unterkunft des
Oberkommandos erforderte Schutz durch ein Bataillon, Ma=
schinengewehre und vereinzelte feuerbereite Geschütze. Bis
an die südliche Grenze Belgiens fraß dieses Gift an den
Lebensbedingungen der Armee.

In umfassender, nachwirkender Weise waren Verbin=
dungen und Land im Rücken der Armee und deren Nach=
schübe gegen bösartige, selbst bestialische Anschläge weiterhin
zu schützen. Inzwischen war die Etappeninspektion bis
Aachen vorgezogen und ihr Gebiet am 19. August bis zur
Maas vorgeschoben. Sie hat der I. Armee während ihres
Zuges bis nahe der Seine, in der Durchschlacht wie im
Stellungskriege die wertvollsten Dienste erwiesen. Am vorge=
nannten Tage wurde eine neue schwere Brücke bei Visé
fertiggestellt und die Verlegung der Inspektion nach Tongres,
dann nach St. Trond vorbereitet. Die 10. Landwehr=Brigade
besetzte nach dem Ausbau von Brückenköpfen sämtliche
Stromübergänge von Visé bis Herstal und löste die Siche=
rungen der Armeekorps erster Linie ab. Nach Tongres war
die 11. Landwehr=Brigade vorzuführen, die 27. nach Aachen
heranzuziehen. Im Operationsgebiet der Armee bis rück=
wärts zur Maas hatten beide Reservekorps durch fliegende
Kolonnen die Verbindungen zu sichern, im Heimatgebiet ver=
sah der Landsturm denselben Dienst und den Grenzschutz.
Die zweiten Staffeln der vorderen Armeekorps waren am 17.

vor die Referekorps in ihre Korpsbereiche gezogen bzw. die Einleitung diefer Bewegungen erfolgt.

Am 18. Auguft, 10 Uhr abends, erging aus dem Hauptquartier Stevort Bekanntgabe der Lage und der weiteren Entfchlüffe des Oberkommandos:

„1. Die I. Armee hat heute den Feind bei Dieft und Tirlemont zurückgeworfen.

„2. Eine franzöfifche Heeresgruppe ift anfcheinend von Charleroi auf Gemblou im Anmarfch.

„3. Die I. Armee wirft morgen den Feind weiter zurück und fet den Vormarfch mit den Spitzen bis zur Linie Campenhout—Boffut nordöftlich Wawre fort. Sie überfchreitet die Linie Aerfchot—Meldert füdweftlich Tirlemont um 10 Uhr vorm. Es marfchieren: II. Armeekorps über Aerfchot—Wefemael—Wegegabel füdlich Werchter—Thildonck—Bierftraaten. Deckung der rechten Flanke, insbefondere der Kolonnen und Trains, gegen Antwerpen. Weftlich Aerfchot liegen die nördlichen Straßen im Bereich der Feftungsartillerie; IV. Armeekorps über Winghe St. Georges—Linden—Löwen Nordrand—Velthem; III. über Bauterfem—Löwen Südrand—Berthem; IX. über Meldert—Tourinnes—Mille—Neeryfche—Loonbeck.“ Es folgen Angaben über die Korpsgrenzen.

„4. Die 2. Kavallerie-Divifion fet fich frühzeitig vor den rechten Flügel und geht über Aerfchot in Richtung Brüffel vor, klärt auf gegen Antwerpen und beiderfeits Brüffel in weftlicher Richtung.

„5. Das III. Referekorps erreicht über Haffelt mit der Spitze Lummen. Korpshauptquartier Haffelt. Das IV. Refervekorps über St. Trond mit der Spitze Dormael. Die Linie Kermpt—St. Trond darf erft um 2 Uhr nachm. überfchritten werden. Bis dahin haben die Trains der vorderen Korps diese Linie geräumt. Korpshauptquartier St. Trond.

„6. Der rechte Flügel der II. Armee erreicht morgen Grez-Doiceau.

„7. Ich befinde mich bei Winghe St. Georges, wohin die Korps bis 10 Uhr 30 Fernsprechverbindung zu legen haben.

„8. Luftaufklärung: II. Armeekorps Richtung Antwerpen, IV. nördlich Brüssel vorbei in westlicher Richtung, III. südlich Brüssel in westlicher Richtung, IX. über Wawre in südwestlicher Richtung. — (gez.) v. Kluck.“

Der Vormarsch der Armee am 19. vollzog sich, teilweise unter unbedeutenden Gefechten, dem Armeebefehl entsprechend. Der Gegner, 1., 2., 3. Division, wich — offenbar seiner Lage entsprechend — in westlicher und nordwestlicher Richtung. Die 2. Kavallerie-Division wurde bei Werchter in ein Gefecht mit dem 5. und 6. belgischen Infanterie-Regiment verwickelt, die anscheinend zur Besatzung von Antwerpen gehörten. Nach Eingriff des II. Armeekorps in den Kampf ging die 2. Kavallerie-Division bei Aerschot zur Ruhe über, das II. Armeekorps mit seinen Anfängen bei Haecht—Lipseveld. Das Armee-Oberkommando ging nach Löwen. Aufreizende Erlasse der belgischen Regierung zum Heckenschützenmord wurden auch hier vorgefunden, im Kampf erschossene Frauen mit Waffen in der Hand.

Nach Feststellung der 1., 2., 3. belgischen Infanterie-Division vor der Front der I. Armee gingen bestätigende Nachrichten ein über den Vormarsch einer französischen Heeresgruppe mit dem rechten Flügel von Charleroi auf Gemblour, ferner daß die 5. französische Kavallerie-Division bei Perwez mit schweren Verlusten unter dem Feuer der 4. und 9. Kavallerie-Division Marwitz ausgewichen sei. Der Stand der I. Armee schien den Forderungen der Lage zu

entfprechen. Von Antwerpen her waren nennenswerte
Marfchbeläftigungen vorab kaum zu erwarten. Die Befitz=
nahme Brüffels follte am 20. erfolgen, das III. Refervekorps
über Aerfchot mit Augen auf Antwerpen, das IV. Referve=
korps über Tirlemont vorgezogen werden.

Ein Befehl des Armee=Oberkommandos II für den
20. Auguft verlangte „das Erreichen der Linie Ninove—
Gembloux und überfchreiten der Bahn Brüffel—Gembloux
um 9 Uhr vorm.". Diefes befohlene nähere Marfchziel war
nach Lage der Dinge weder zur geforderten Zeit zu erreichen,
noch das weitere im Laufe eines Tages. Die forgfame Er=
haltung der Kräfte von Mann und Pferd im Hinblick auf
bevorftehende fchwere Kämpfe und im Rückblick auf bisherige
ftarke Anftrengungen verboten die Befolgung jenes Befehls;
infolgedeffen mußte eine erheblich fpätere Zeit eintreten.

Das Ausweichen der belgifchen Divifionen unter leichten
Gefechten über die Dyle am 19. Auguft fchien in Verbindung
mit dem Inhalt aufgefangener Briefe auf ein Eingreifen
englifcher Truppen am linken belgifchen Flügel zu deuten.
Im Armeebefehl vom 20. Auguft, 8 Uhr vorm., ab Löwen,
wurde den Korps mitgeteilt, daß die I. und II. Armee noch
heute den Vormarfch gegen die Linie Ninove—Gembloux
fortfetzen und der rechte Flügel der letzteren, das VII. Armee=
korps, über Arthennes—Okembourg—Wawre Nord—Rofiè=
res—Ohain erreichen werde. Seitens der I. Armee follten
marfchieren: „II. Armeekorps über Vilvorde—Koningsloo
unter Deckung gegen Antwerpen—Ganshoren nordweftlich
Brüffel; IV. über Kortenberg—Brüffel Mitte—Anderlecht
weftlich der Landeshauptftadt; III. über Tervueren—Voits=
fort—das füdlich Brüffel gelegene Droogenbofch; IX. Ove=
ryffche—Hoeylaert—La Hulpe—Waterloo. II. und IV. Ar=
meekorps haben 12 Uhr mittags in Höhe von Brüffel einzu=

treffen, das III. überschreitet 10 Uhr 30 vorm. die Bahn
Brüffel—Gemblouy, das IX. 9 Uhr 30. Dem II. Armeekorps
war die Fernaufklärung auf Termonde—Aloft befohlen, dem
IV. auf Ninove, dem III. Enghien, dem IX. über Ittres—
Braisne le Comte. Die Fliegeraufklärung des II. erhielt
Straßen und Bahnen im Raum Vilvorde nordöstlich Brüffel—
Termonde—Aloft—Ninove—Brüffel und Löwen—Antwer=
pen zugewiesen; die des III. Brüffel—Ninove—Renaix—
Mons—Brüffel; die des IX. den Raum Löwen—Mons—
Charleroi—Wawre.

„2. Kavallerie=Division setzt sich im Einvernehmen mit
dem II. Armeekorps über die verfügbaren Straßen unbe=
dingt vor den rechten Flügel der I. Armee, um ihrer dring=
lichen Aufgabe gerecht zu werden, zwischen Antwerpen und
Brüffel vorgehend, den Anmarsch der Engländer festzustellen.
Das III. Reservekorps foll über Blankelaer—Dieft bis Bete=
com marschieren, um später die Deckung der Armee gegen
Antwerpen zu übernehmen; das IV. Reservekorps erreicht
Roosbeek über Tirlemont mit seinem Anfange. Die Muni=
tionskolonnen und Trains der vorderen Armeestaffel müssen
die Linie Aèrschot—Tirlemont um 12 Uhr mittags nach vor=
wärts geräumt haben."

Zur selben Zeit meldete das II. Armeekorps, daß es
gestern, am 19. August, wegen feindlicher Besetzung von
Wespelaer nur bis Lipseveld—Wackerzeel gelangt sei und mit
Rücksicht auf die Gefechte, Marschleistungen und Ver=
pflegungsschwierigkeiten der letzten Tage heute, den
20. August, nur bis Vilvorde marschieren könne. Auch für
den 21. wird um Zuweisung eines nahen Marschzieles ge=
beten, weil die hintere Division nach vorn gezogen werden
folle. Die 2. Kavallerie=Division, zwischen Antwerpen und
Brüffel vorgehend, kam im Laufe des Tages bis Wol=

werthem, vom Oberkommando dringend erwartet. Das VII. Armeekorps der II. Armee marschiert in enger Fühlung mit dem IX. der I. Armee bis westlich Ohain. Der linke Flügel der II. Armee leitet den Angriff auf Namur ein.

Mithin war am 20. August die Gliederung und Gruppierung der I. Armee wie folgt: 2. Kavallerie-Division um Wolwerthem, II. Armeekorps mit dem Anfang Vilvorde; III. Reservekorps mit den Spitzen westlich Aerschot der Südfront von Antwerpen gegenüber in tiefer Marschgliederung, ohne von der Festung belästigt oder angezogen zu werden; IV., III., IX. Armeekorps westlich und südlich Brüssel, Front in südwestlicher Richtung auf Enghien; IX. Armeekorps in Gefechtsfühlung mit dem VII. der II. Armee; IV. Reservekorps um Tirlemont als Generalreserve der Armee nach Norden, Westen, Süden gedacht, um in ein bis zwei Märschen auf etwaigen Gefechtsfeldern erscheinen zu können. Die Karten in der Anlage dieses Buches werden die vorstehende Darlegung erhellen, soweit es nach damaliger Anschauung der Lage zulässig erscheint.

Über die bisherige Bewegung der Armee sagt der „Bericht" mit Abschluß des ersten großen Schrittes Aachen—Brüssel wie folgt: „Mit der Besetzung von Brüssel ist die erste Aufgabe der Armee gelöst. Der unerwartet schnell und glatt verlaufene Vormarsch, der an die fechtenden Truppen und an die Munitionskolonnen und Trains der Armee die denkbar höchsten Anforderungen stellte, hatte die belgische Armee vollständig überrascht und die von ihr erwartete Unterstützung durch englische und französische Kräfte unmöglich gemacht. Der planmäßig vorbereitete einheitliche Aufmarsch der Belgier, Engländer und vielleicht französischer Unterstützungen war gescheitert und dadurch die schnelle Besitznahme Belgiens möglich geworden. Zwar war es nicht ge-

lungen, die Belgier entſcheidend zu ſchlagen oder von Ant=
werpen abzudrängen, da ſie troß ſtellenweiſe hartnäckigen
Widerſtandes ſtets rechtzeitig ausgewichen waren. Sie waren
aber ſo empfindlich geſchlagen, daß ſie durch verhältnismäßig
ſchwache Kräfte in Antwerpen abgeſchloſſen werden konnten
und für die Entſcheidungskämpfe ausfielen. Beſonders er=
ſchwert wurde der Vormarſch — wenngleich nicht ver=
zögert — durch den Widerſtand der durch Behörden und
Preſſe aufgereizten Bevölkerung, die, von in Zivil verkleide=
ten Soldaten unterſtüßt, einen äußerſt hartnäckigen Frank=
tireurkrieg führte, die Straßen hinter der Front unſicher
machte und namentlich die Fernſprechverbindungen immer
wieder zerſtörte.“

Drei Tage frühere Mobilmachung und Aufmarſch des
deutſchen Heeres würden vermutlich ein mehr durchſchlagen=
des Ergebnis gezeitigt haben. Zeitgewinn im Kriegsbeginn iſt
viel, in gewiſſen Lagen alles: Napoleons „vitesse, vitesse!“

Nach dem erſten Bericht des engliſchen Oberbefehlshabers
der Landungsarmee, Sir John French, an den Staatsſekretär
des Krieges, vom 7. September 1914, erſcheint eine Landung
der engliſchen Armee auf belgiſchem Gebiet von vornherein
zurückgeſtellt, vielmehr die ſichere Landungsbaſis Dünkir=
chen—Calais—Boulogne im Verein mit der franzöſiſchen Re=
gierung feſtgelegt und demnach durch Verabredung der Gene=
rale French und Joffre der Aufmarſch im Raume Condé—
Mons—Maubeuge vereinbart zu ſein. Wie weiterhin anzu=
führen iſt, ſtand hier die engliſche Armee am 22. Auguſt ge=
fechtsbereit oder war im Aufmarſch begriffen. Die Hoffnung
des Oberkommandos der I. Armee, engliſche Armeekorps mit
belgiſchen Diviſionen noch in Flandern anzufallen und zu
zerſprengen, war nicht in Erfüllung gegangen.

2. Brüffel—Somme.

Schlachten gegen die Kernarmee Englands. Verfolgung.

Armee d'Amade.

Wie im vorigen Abschnitt erwähnt, rechnete das Ober=
kommando noch am 20. August mit dem möglichen Eingreifen
englischer Heeresteile an der Seite der belgischen Armee.
Hierfür schien die am 20. durchgeführte Gliederung der
I. Armee angemessen: IV. Armeekorps Brüffel, das II. Bil=
vorde und östlich Malines, der Südfront von Antwerpen
gegenüber; vor der Front beider Korps die Kavallerie=
Division in Wolwerthem; das III. Reservekorps westlich und
östlich Aerschot, mehr südöstlich der Festung gegenüber;
IV. Reservekorps nordwestlich und östlich Tirlemont, das
III. Armeekorps südlich Brüffel. Damit standen das III.,
IV., II. Armeekorps unmittelbar zur Schlacht auf Wol=
werthem—Termonde und in Richtung Aloft—Ninove bereit;
auch das IV., III., IX. nach Süden mit rechter Flanken=
deckung durch das II. und III. Reservekorps nebst Kavallerie.
IV. Reservekorps war je nach Bedarf auf Malines—Wol=
werthem und über Brüffel—Wawre verwendbar in ein bis
zwei Märschen. Das IX. Armeekorps um Waterloo konnte
nunmehr als Generalreserve nach Norden, Westen oder als
Stützpunkt für einen schwenkenden Aufmarsch nach Süd=
westen betrachtet werden.

Im Armeebefehl vom 20. August, 8 Uhr abends, hieß
es auszugsweise: „Das IV. Armeekorps ist heute ohne Wider=
stand des Gegners in Brüffel eingerückt, starke Teile der bel=
gischen Armee sind anscheinend auf Antwerpen zurückge=
gangen; eine Infanterie=Division wurde bei Termonde ge=
meldet. Ausladungen der englischen Landungsarmee sind

wahrscheinlich am 18. August in französischen Häfen beendet
gewesen mit noch unbekannter Anmarschrichtung. Die
II. Armee beginnt mit linkem Flügel den Angriff auf Namur
und geht angriffsweise gegen die im Vormarsch auf Gem=
bloux gemeldeten Franzosen vor, mit dem VII. Armeekorps
als rechtem Flügel südlich Mont St. Jean auf der großen
Straße nach Nivelles. Ihre Heereskavallerie hat eine fran=
zösische Kavallerie=Division entscheidend geschlagen.

　　„Da es trotz der schnellen Bewegungen der I. Armee nicht
gelungen war, die belgische Armee in ihrem Gefüge zu er=
schüttern und von Antwerpen abzudrängen, so trat für erstere
die Aufgabe des weitreichenden Schutzes der rechten Heeres=
flanke außer gegen Antwerpen auch gegen die Küste und das
nördliche französische Küstenland in größerem Ausmaße
hervor.

　　„Um hierfür jetzt an erster Stelle auch bereit zu sein,
macht die I. Armee am 21. einen kurzen Marsch vorwärts
unter Staffelung rechts und mit Deckung gegen Antwerpen;
II. Armeekorps mit dem Anfang nach Ganshoren, Deckung
und Aufklärung westlich des Dylekanals Löwen—Malines;
IV. bis Castre mit den Anfängen; III. Hal; IX. Braisne le
Château, beide mit Vortruppen; der Auftrag der 2. Kaval=
lerie=Division um Wolwerthem bleibt; III. Reservekorps stellt
sich morgen südlich Aerschot südlich des Demer so bereit, daß
es die Flanke der Armee gegen Antwerpen östlich des Dyle=
kanals Löwen—Malines deckt und, wenn erforderlich, den
Vormarsch in westlicher Richtung fortsetzen kann. Straßen=
knie bei Haecht liegt, soweit bekannt, im Feuer der Artillerie
von Antwerpen. Das IV. Reservekorps besetzt mit der Vor=
hut Löwen. Ein Abstand der hinteren Divisionen beider Re=
servekorps von den vorderen wird nach Maßgabe der heu=
tigen Marschleistungen anheimgestellt.“ Die I. Armee war

dergestalt in der Lage, mit ihren überwiegend größten Teilen
auch dem Ruhebedürfnis der Truppen entgegenzukommen.

Weiter ordnete der Armeebefehl das jetzt erreichbare
Vorziehen der zweiten Staffel des II. Armeekorps durch das
III. Reservekorps an die erste Staffel des II. an, des IV.
durch Brüssel oder den Südrand unter rechtzeitiger Räumung
von Löwen und Vermeidung der Marschstraßen des III. Be=
sondere Befehle bezweckten die Sicherung der Munitions=
depots der Armeekorps gegen die Bevölkerung, der Gette=
Brücke bei Haelen durch III. Reservekorps und schleunige
Wiederherstellung der Bahnüberführung westlich St. Trond
für den Verkehr mit beladenen Lastautos mit Hilfe der
Etappeninspektion. Das Hauptquartier der Armee blieb in
Löwen.

Von Bedeutung war die heute eingehende Meldung, daß
bis Gent—Audenarde—Tournai das Gelände vom Feinde
frei sei. Das Oberkommando stand vor dem Entschluß über
die weiter einzuschlagende Marschrichtung. Dem Sinne der
Aufmarschanweisung entsprechend, bestand die Aufgabe der
I. Armee — wie wiederholt erwähnt —, unter Deckung auf
Antwerpen und Sicherung ihrer Verbindungen, im Schutze
der rechten Heeresflanke gegen die belgische und die dem=
nächst auftretende englische Armee, mit oder ohne Anschluß
französischer Truppenteile. Es mußte mit dem Vormarsch
der Engländer über Lille fest gerechnet werden; es erschien
daher zweckentsprechend, die I. Armee in mehr südwestlicher
Richtung vorzuführen, mit ihrem linken Flügel westlich Mau=
beuge vorbei unter weiterer Verbindung mit dem VII. Ar=
meekorps der II. Armee. Die I. Armee ist damit in der Lage,
je nach der Vormarschrichtung des Feindes in südlicher, west=
licher und nordwestlicher Richtung zum Angriff abzudrehen.
Dann ist nach rechts — westlich auf Tournai und Douai —

Entwicklungsraum gewonnen; es wird verhindert, daß beim weiteren Vormarsch und einem Einschwenken nach Süden beide Armeen des rechten Heeresflügels sich zusammendrängen.

Abweichend von dieser Anschauung der Dinge befahl das Armee-Oberkommando II am 21. August: „Die II. Armee geht am 22. 8. bis in die Linie Binche—Jemeppe vor, um am 23. 8. durch Vorgehen über die Sambre der III. Armee den Übergang über die Maas zu öffnen. Die I. Armee hat sich unter Sicherung gegen Antwerpen und Besetzthaltung von Brüssel dieser Bewegung soweit anzuschließen, daß sie gegebenenfalls unter Abschließung der Nord- und Nordostfront von Maubeuge westlich dieser Festung zur Unterstützung der II. Armee eingreifen kann." Den Vorstellungen des Oberkommandos der I. Armee gegenüber werden diese Anordnungen mit der Begründung aufrechterhalten, „daß sonst die I. Armee zu weit abkommen würde und die II. Armee nicht rechtzeitig unterstützen könne". Mit dem baldigen Auftreten englischer Kräfte rechnete das Armee-Oberkommando II nicht, wahrscheinlich im Hinblick auf eine Mitteilung der Obersten Heeresleitung, ab 20. August, an 21. August abends: „Mit Landung der Engländer bei Boulogne und ihrer Verwendung aus Richtung Lille muß gerechnet werden. Es besteht hier jedoch die Ansicht, daß Landungen in größerem Umfange noch nicht erfolgt sind."

Am Operationstisch in Löwen herrschten, wie sich später erweisen sollte, zutreffendere Ansichten. Nach dem früher erwähnten French-Bericht war die englische Armee — wie wir jetzt wissen — am 21. bis 22. August am Kanal Condé—Mons und gegen Binche versammelt. Das Oberkommando der II. Armee drängte auf Heranziehung der I.; diese wünschte freiere Bewegung im Hinblick auf eine Aufgabe, die in erster

Linie strategisch zu lösen blieb als Vorbedingung gedeihlicher taktischer Ergebnisse. Die Entscheidung des Armee=Oberkommandos II ist nicht ohne Einfluß auf den Verlauf der Kämpfe mit den Engländern geblieben. Sie lastete noch tagelang auf dem Oberbefehlshaber der I. Armee und seinem Chef des Stabes.

Am 21. August mittags ging in Löwen die funkentele=graphische Nachricht ein, daß General v. der Marwitz mit der 2., 4., 9. Kavallerie=Division in der Gegend von Ath vereinigt werde und dem Armee=Oberkommando II unterstehe; die I. Armee verfügte vorab bedauerlicherweise nicht mehr über einen großen Kavalleriekörper — bei den beschleunigten Operationen der schwenkenden I. Armee eine empfindliche Fehlstelle!

Der Armeebefehl vom 21. August, abends 9 Uhr 30 aus Löwen verständigte die Armeekorps, daß nach Fliegermeldungen Termonde anscheinend vom Feinde geräumt, die Richtung Gent—Ostende sowie Gegend Audenarde—Ath—Tournai vom Feinde frei sei. Südlich der Sambre zwischen Namur und Maubeuge wären feindliche Kräfte in nördlicher Richtung im Vormarsch, und die II. Armee marschiere am 22. August mit dem VII. Armeekorps als rechtem Flügel von Nivelles nach Binche vor. Das Kavalleriekorps Marwitz gehe mit der 2. Division über Nederbrakel, halbwegs Grammont—Audenarde, mit der 4. über Enghien, mit der 9. über Soignies vor.

Auch die I. Armee biegt links ab zur Unterstützung der II.

Mit ihren Vorhuten erreichen: II. Armeekorps Ninove, Hauptquartier Dilbeek; IV. Ollignies—Silly, Hauptquartier Enghien; III. Thoricourt—Chaussee Notre Dame Louvignies, Hauptquartier Rebecq Rognon; IX. Langrenée—

3*

Mignault, Hauptquartier Braine le Comte. Armeehaupt=
quartier bis mittags Löwen, dann über Brüffel nach Hal.
Hier befand fich das Oberkommando nahe der Armeefront,
in nächfter Berührung mit den Generalkommandos.

Das III. Refervekorps follte frühzeitig eine Abteilung
aller Waffen nach Gegend Campenhout, 10 Kilometer füdlich
Malines, fchicken zum Schutz der Munitionskolonnen und
Trains des II. Armeekorps, die am 22. ihrem Korps folgen.
Von Mittag an wurde das III. Refervekorps vorgezogen
und nahm beiderfeits des Dylekanals Löwen—Malines Auf=
ftellung zum Schutz der Armeeflanke gegen Antwerpen mit
Hauptquartier Thildonck. Das IV. Refervekorps erreicht
Brüffel. Nun zur Fernaufklärung: III. Refervekorps über
Vilvorde bis Opwyck; II. Armeekorps bis Linie Aloft—
Grootenberge—Leffines; IV., III., IX. bis. Ath—Mons—
Givry, diefes 10 Kilometer nördlich der Fortlinie Maubeuge.
Allfeitige Verbindung mit der Heereskavallerie aus dem weit
nach Südweften—Süden ausgreifenden Aufklärungsbogen.
Die Flieger des II. Armeekorps erhielten für ihre hinge=
bungsvolle, unermüdliche Tätigkeit den Raum Audenarde—
Courtrai—Lille, die des III. Tournai—Lille—Douai, des
IX. Valenciennes—Maubeuge—Solesmes. Sofortige Mel=
dung der Ergebniffe nach Löwen oder Hal. — Noch waren
Marfchgliederung und Marfchrichtung der Armee derart, daß
diefe im Sinn der eigenen Auffaffung der Lage vorgeführt
werden konnte. Die II. Armee beabfichtigte, heute die Linie
Binche—Mellet zu erreichen.

Im Laufe des 22. Auguft wurde die Anwefenheit eng=
lifcher Truppen vor der Front der II. Armee feftgeftellt, bei
Cafteau nordöftlich Mons eine Eskadron; ein Flugzeug der
englifchen Armee, das in Maubeuge mit Erkundungsauftrag
aufgeftiegen war, wurde heruntergefchoffen. Der Canal du

Centre wird von Mons bis Ville sur Haine besetzt gefunden,
dagegen sind in westlicher Richtung das Gelände bis zur
Schelde, ebenso Lille und die nach Westen führenden Bahnen
vom Feinde frei. Die Anwesenheit englischer Truppen vor der
Front der I. Armee steht fest, nicht aber, ob die Masse der
englischen Armee bei Maubeuge eingetroffen ist. Um so
wichtiger erschien es dem Oberkommando, die Umfassung
des linken englischen Flügels durch Ausholen der Armee und
starken „rechten" Flügel nach Westen hin vorzubereiten.
Durch einen zum Armee=Oberkommando II entsandten Gene=
ralstabsoffizier wurden die Bedenken gegen die befohlene
Marschrichtung des linken Flügels der I. Armee geltend ge=
macht, nachdem durch Anfrage bei der Obersten Heeresleitung
die vorläufige weitere Unterstellung der I. Armee unter das
Oberkommando der II. Armee bestätigt war. Letzteres führte
zur Begründung des engen Heranschließens der I. Armee an
die II. an, daß diese mit ihren sämtlichen Anfängen an der
Sambre ins Gefecht getreten sei und teilweise schwere Kämpfe
gehabt habe. Auch die III. Armee könne beim Überschreiten
der Maas schweren Stand haben. Es wurde darauf vor=
geschlagen, den linken Flügel der I. Armee über Mons in
Richtung Bavai vorzuführen, jedoch vergeblich. Hingegen
stand man von einer Abschließung der Nordostfront Mau=
beuge durch die I. Armee ab. Dagegen wurde die Bereit=
stellung einer Division bei Givry zur Unterstützung des
VII. Armeekorps gefordert; denn die II. Armee will am
23. August mit dem rechten Flügel von Binche auf Solre
angreifen.

Marwitz vereinigt seine drei Divisionen im Raum
Renaix—Ath—Leuze; er biegt mit der Masse aus südlicher
in nordwestliche Richtung ab.

Der Antrag der I. Armee hinsichtlich ihres mehr west=

lichen „Abfetzens" von der II. war damit abgelehnt. Die
bedeutungsvolle Kriſe auf dem weſtlichen Heeresflügel nahte.
Eine nicht gefeſſelte I. Armee wäre vermutlich in der Lage
geweſen, die engliſche Armee von Weſten her erdrückend zu
umfaſſen, ſie unter Abſchließung von Maubeuge auf die 5. fran=
zöſiſche Armee zu werfen und dieſer in den Rücken zu kommen.

Die zunehmende Dehnung der Verbindungen im Rücken
der I. Armee erheiſchte vorſorgende Maßnahmen. Vom
22. Auguſt ab ſtellte die Oberſte Heeresleitung 20 Bataillone
und 4 Eskadrons Landſturm zur Verfügung, deren Über=
weiſung an die Etappeninſpektion zur Verwendung über
Aachen nach vorwärts am ſelben Tage befohlen wurde. Die
Etappe ſolle alle entbehrlich werdenden Landwehrtruppen
dem III. Reſervekorps zur Verſtärkung der Rückendeckung
der Armee zuführen und die 27. Landwehr=Brigade ſchon
am 24. zum ſelben Zweck nach Waenrode ſüdweſtlich Dieſt in
Marſch ſetzen. Von den Armeekorps zurückgelaſſene Siche=
rungen waren ſchleunigſt von der Etappe abzulöſen und an
die Front zu leiten. Ferner gelang es, zur Kräftigung der
Verbindungen einen Kleinbahnbetrieb am 22. Auguſt zu den
Armeekorps aufzunehmen, und zwar für das II. Armeekorps
nach Ninove—Vollezeel, für das IV. zunächſt bis Caſtre, dem=
nächſt Enghien, für das III. Hal. Dem IX. Armeekorps war
auferlegt, tunlichſt raſch die Schiffahrt auf dem Kanal
Brüſſel—Hal—Tubize einzuleiten. Dem Armeeintendanten
lagen die weitere dauernde Füllung der Magazine in Brüſſel
und der fernere Nachſchub ihrer Vorräte ob. Aus dem neuen
Hauptquartier Hal ergingen Anweiſungen an die Korps be=
züglich Deckung gegen Maubeuge und Bekämpfung der
Sperrforts zwiſchen Lille und Maubeuge. Mit der ſpäteren
kampfloſen Räumung der Sperrforts konnte durchaus nicht
gerechnet werden.

Gegenüber Maubeuge sollte die Bereitstellung geeig=
neter Verbände außerhalb des Geschützfeuers der Fortlinie
ins Auge gefaßt werden, um feindlichen, durch etwaige vor=
geschobene Stellungen erleichterten Angriffen wirksam be=
gegnen zu können.

An Sperrbefestigungen kamen die veralteten Forts
Maulde, Flines, Curgies, dann die alten Umwallungen von
Valenciennes und Le Quesnoy in Betracht. Maulde, Cur=
gies waren sturmfreie Werke; nur die Vernichtung ihrer Ar=
tillerie und Absperrung wurde befohlen. Flines sollte min=
derwertig sein.

Die Hohlräume aller Werke seien gegen schwere Feld=
haubitzen sicher. Mit einer Anstauung der Schelde von Flines
bis Condé wäre zu rechnen. Breite des dortigen Schelde=
kanals: 15 Meter.

Bevor die Kämpfe der I. Armee am Canal du Centre und
westlich Maubeuge erörtert werden, erscheint es angebracht,
die Verhältnisse bei der englischen Kernarmee auf Grund
der später bekanntgewordenen Berichte von Sir John French
zu betrachten. Laut Vereinbarung mit dem Höchstkomman=
dierenden Joffre hatte sie schon am 22. ihren Aufmarsch mit
Ausschluß ihres noch nicht eingetroffenen 3. Armeekorps voll=
zogen, und zwar: 1. Armeekorps in Linie Binche — aus=
schließlich Mons; 2. Mons—Condé; 5. Kavallerie=Brigade
bei Binche, die Kavallerie=Division hinter dem linken Flügel
des 2. — Aufklärungseskadrons beider Kavallerien gingen am
22. und 23. teilweise bis Soignies vor. Über den „Plan" des
Generals Joffre war noch keine Klarheit gewonnen.

Ein bis zwei deutsche Armeekorps mit einer Kavallerie=
Division wurden gegenüber vermutet. Aufklärung im Ge=
lände und in der Luft schien diese Vermutung zu bestätigen.
Am Nachmittag des 23. gingen beim General French Mel=

dungen ein, daß die Deutſchen die „Mons-Linie" angriffen.
Der rechte Flügel von Mons bis Bray ſei beſonders bedroht,
ſo daß das 1. Korps, General Haig, ſeinen rechten Flügel
ſüdlich Bray zurückgebogen habe und die 5. Kavallerie-
Brigade aus Binche in ſüdlicher Richtung gewichen ſei,
worauf die Deutſchen dieſen Ort beſetzt hätten. In Mons
ſtand am 23. General Hamilton mit dem rechten Flügel
ſeiner 3. Diviſion. Eine Umklammerung drohte ihm; daher
befahl French, noch vor Dunkelheit einen Abmarſch in ſüdlicher Richtung, ſofern das 2. Korps ernſtlich bedroht werde.
Um 5 Uhr nachmittags teilte Joffre die unerwartete Nachricht mit, daß wenigſtens drei deutſche Korps frontal und
eines von Tournai umfaſſend auf French im Angriff ſeien.
Die 5. franzöſiſche Armee und zwei Reſerve-Diviſionen wären
im Rückzuge, weil ſich die Deutſchen am 22. in den Beſitz
der Sambre-Übergänge zwiſchen Charleroi und Namur geſetzt
hätten. General French hatte nach ſeinem Bericht ſchon vorher eine Stellung weiter rückwärts ins Auge gefaßt, rechts
angelehnt an Maubeuge, links an Curgies weſtlich Jenlain,
an der Straße Maubeuge—Valenciennes. Nach Feſtſtellung
jenes franzöſiſchen Rückzuges und der deutſchen Bedrohung
marſchierte die engliſche Armee am 24. Auguſt früh in dieſe
Aufnahmeſtellung ab.

Die Grundlage für die bedeutungsvolle Schlacht von
Mons wurde im Armeebefehl für den 23. Auguſt, ab Hal
22. 8., 9 Uhr 30 abends, gegeben. Auch hier erſcheint eine
Anführung für ſpätere Forſchung geboten:

„1. Eine engliſche Eskadron iſt heute bei Casteau nordöſtlich Mons feſtgeſtellt, ein von Maubeuge kommender engliſcher Flieger bei Enghien abgeſchoſſen. Vor der Front der
II. Armee heute angeblich nur drei Kavallerie-Diviſionen
und ſchwache Infanterie.

„2. Die II. Armee ist heute bis in die Linie Binche—
Mettet, nordwestlich Dinant, vorgegangen und wird morgen
östlich Maubeuge mit ihrem rechten Flügel, dem VII. Ar=
meekorps, von Binche über Solre vorgehen.

„3. Die I. Armee setzt morgen, unter Deckung gegen
Maubeuge, den Vormarsch in die Gegend nordwestlich Mau=
beuge fort.

„4. Das II. Armeekorps erreicht von Ninove über Gram=
mont La Hamaide; das IV. Basècles über Ath und Stam=
brüges über Chièvres; III. St. Ghislain über Lens und Je=
mappes über Jurbise. Die Höhen auf dem südlichen Kanal=
ufer sind in Besitz zu nehmen. Das IX. Armeekorps deckt
die Bewegung der Armee gegen Maubeuge und geht hierzu
über die Linie Mons—Thieu gegen die Nord= und Nord=
westfront von Maubeuge vor, Hauptkräfte auf dem rechten
Flügel. Die Linie Ath—Roeulx ist vom IV., III., IX. Armee=
korps um 8 Uhr 30 vormittags mit den Anfängen zu über=
schreiten. Dann Trennungslinien der Korps. — Kavallerie=
aufklärung: II. Armeekorps bis Alost—Audenarde—Re=
naix—Leuze; IV. bis Fort Maulde—Fort Flines—Valen=
ciennes; III. bis Fort Curgies—Bavai. Fliegeraufklärung
der Armeekorps innerhalb ihrer Aufklärungsabschnitte,
III. Armeekorps auch für das IV. Durch die Armee=Flieger=
abteilung wird der Raum Douai—Cambrai—Le Cateau—
Avesnes—Valenciennes erkundet. Korpshauptquartiere sind
bis 9 Uhr 30 vormittags zu melden.

„5. IV. Reservekorps erreicht über Hal mit dem Anfange
Bierghes; III. Reservekorps deckt die rechte Flanke der
Armee und ihre rückwärtigen Verbindungen gegen Ant=
werpen.

„Es stellt sich so auf, daß es gleichzeitig Brüssel gegen
etwaige Unternehmungen deckt. Über Zuweisung von Land=

wehrtruppen ergeht besondere Verfügung. Nach deren Ein=
treffen ist die bisherige Besatzung von Brüssel, zwei Batail=
lone des IV. Reservekorps, abzulösen.

„6. Im weiteren Vormarsch wird voraussichtlich die Be=
kämpfung von Maulde und Flines dem IV., von Curgies
dem III. Armeekorps zufallen. Erkundungen möglichst mor=
gen einleiten.

„7. Ein Flieger II. Armeekorps will heute bei Aloft—
Grootenberge Biwakfeuer, vermutlich Belgier, bemerkt haben.
II. Armeekorps und IV. Reservekorps klären auf und sichern
sich hiergegen während des Marsches.

„8. Armeehauptquartier Soignies, wohin Armee=Tele=
graphenabteilung bis 11 Uhr vormittags Verbindung herzu=
stellen hat. IX. Armeekorps läßt ein Bataillon, zwei Ma=
schinengewehre von 8 Uhr ab zur Sicherung des Hauptquar=
tiers in Soignies.“

Während dieses Vormarsches am 22. 8. ging im Haupt=
quartier die Meldung ein, daß seit gestern bei Tournai Trup=
penausladungen stattfänden. Es erschien daher möglich, daß
stärkere englische Kräfte über Lille heranbefördert würden.
Die Anfänge der Armeekorps werden daraufhin an der
Straße Leuze—Mons—Binche festgehalten und hierdurch
ein Abdrehen der Armee in westlicher Richtung vorbereitet.
Stellte sich die Mutmaßung als zutreffend heraus, so war
das IV. Armeekorps sofort imstande, bei Leuze gegen
Tournai einzuschwenken, am Nachmittag die rechte Division
des III., später die vordere Division des II. über La Ha=
maide, am 24. die hintere Division des II., die linke des III.,
abends die Anfänge des IV. Reservekorps; dem IX. mit
Teilen des III., je nach der Lage stark, verblieb die Deckung
des Kanalabschnitts St. Ghislain—Mons, Verbindung mit
der II. Armee und Deckung von Flanke und Rücken der I.

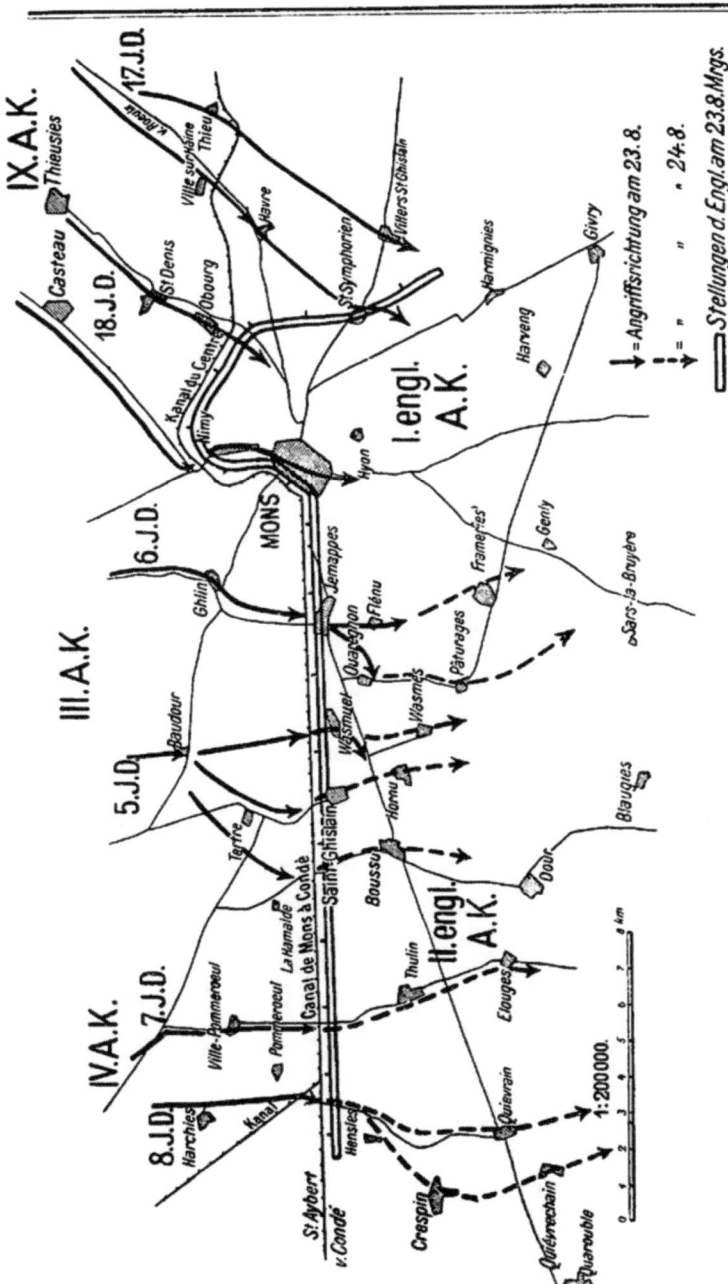

Skizze 1. Kämpfe bei Mons.

Die Beweglichkeit der Armeekorps hatte durch die bisherigen
Bewegungen der Armee einen Grad erreicht, der die Sicher=
heit der Armeeführung gewährleiftete.   Inzwischen war
lediglich die Anwesenheit einer französischen Infanterie=
Brigade bei Tournai festgestellt. Sie wich auf Lille. Die
Armee setzte den Vormarsch fort.

Marwitz' Divisionen tränkten heute ihre Pferde in der
Schelde westlich Renaix. Hafer stand gebunden und in reicher
Menge auf den Feldern.

Mit hartnäckigen, beiderseits verlustreichen Kämpfen um
die Übergänge des Canals du Centre am 23. August setzte
— wie General French berichtet — eine ununterbrochene
viertägige Schlacht ein. Die englischen Kerntruppen schlugen
sich vorzüglich, während ihre Gefangenen von den Deutschen
rühmten, sie kämpften wie die Teufel. Das IV. Armeekorps
war abends bis nördlich und nahe der Linie Hensies—Thulin
vorgedrungen und hatte in dankenswerter Erkenntnis der
Lage die für heute befohlenen Marschziele und den Canal
zwischen Condé—St. Ghislain hinter sich gelassen; das III.
focht bis in die Nacht bei Tertre mit der rechten Division, mit
der linken überwand es den Kanal bei Quaregnon—Jemap=
pes und drängte bis Flenu vor, das IX. hatte den Südrand
von Mons und St. Symphorien gewonnen. An allen Stellen
lagen starke Kräfte dicht gegenüber. Die II. Armee erreichte
mit dem rechten Flügel Binche, nachdem sie ihren Gegner
geworfen.

Die Beurteilung der Lage am 23. August abends im
Hauptquartier zu Hal gab in ihrer Spannung zu folgenden
Gesichtspunkten Veranlassung:

Ausnutzung der heutigen Erfolge durch gleichmäßigen
starken Druck der Armeekorps IV, III, IX.

Hauptabsicht: den Gegner nach Maubeuge zu werfen

bei scharfer Scheidung der Räume für die Bewegung und den Kampf jedes Korps.

Keinerlei Zusammenballen der Maffen westlich Maubeuge.

Durchschneiden und Verlegen der zur Kanalküste führenden Verbindungen der englischen Armee.

Vermeidung des Schußbereiches der Werke von Maubeuge.

Als Ergebnis dieser und weiterer Betrachtungen läßt sich der abends 8 Uhr ab Soignies erlaffene Armeebefehl über den am 24. August fortzusetzenden Angriff wie folgt aus:

„IX. Armeekorps mit rechtem Flügel von Mons aus, III. aus Linie St. Ghislain—Jemappes, IV. über Crespin—Thulin. Der Angriff ist so durchzuführen, daß der Gegner nach Maubeuge hineingeworfen und ihm der Rückzug nach Westen abgeschnitten wird. Hierzu hat das IX. Armeekorps den Gegner nach Maubeuge zurückzuwerfen und die Nord- und Nordwestfront abzuschließen. Rechter Flügel, wenn möglich, Bavai.

„III. Armeekorps geht mit linkem Flügel westlich Bavai vorbei, IV. mit linkem Flügel Wargnies le Grand. Ein Zusammenballen der Armee auf Maubeuge ist zu vermeiden, desgleichen der wirksame Schußbereich der Festungsartillerie; dieser kann reichen bis etwa Aulnoye—Bavai—Geele. Fort Curgies soll beim weiteren Vorgehen durch das IV. Armeekorps niedergehalten werden. II. Armeekorps bricht 2 Uhr morgens auf und marschiert zunächst über Leuze bis Condé. Die Forts Maulde und Flines sind tunlichst früh zu bekämpfen, so daß der Vormarsch der Armee nicht gehindert wird. Oberst v. Berendt vom Armee-Oberkommando wird für diesen Zweck überwiesen.

„Das IV. Reservekorps bricht um 2 Uhr morgens auf und

marſchiert über Ath zunächſt bis Lignes. Es ſchickt 6 Uhr
morgens vier weitere Bataillone nach Brüſſel zur Verſtär=
kung der Beſatzung. Der Gouverneur von Brüſſel, General=
major v. Jarotzki, wird dem General v. Beſeler unterſtellt.
Über Lüttich wird demnächſt das IX. Reſervekorps gegen
Antwerpen geführt. General v. der Marwitz iſt aufgefordert,
auf dem rechten Flügel der Armee in Richtung Denain vor=
zugehen, um der engliſchen Armee den Rückzug nach Weſten
zu verlegen. Die ſtändige Verbindung der Armeekorps mit
Soignies iſt unbedingt erforderlich, der Standpunkt der
Generalkommandos durch Kraftwagen und anderweit fort=
dauernd mit ihren Sprechſtellen zu verbinden. II. und IV.
Reſervekorps ſchicken bis 10 Uhr morgens Befehlsempfänger
nach Soignies. IV., III., IX. Armeekorps geſtellen dieſe
von 7 bis 8 Uhr morgens zum Oberkommando, falls Sprech=
verbindung nicht beſteht.“

Trotz der im Kriege fortdauernd unſicheren Erkenntnis
der Lage beim Gegner ſollten zwei operative Gedanken für
die nächſten Tage nach der Abſicht des Oberkommandos her=
vortreten: „Abdrängen der Engländer nach Maubeuge und
ſüdlich durch das IV., III., IX. Armeekorps, wie ſchon ge=
ſagt, und ſchleunigſt anſchließend Vorziehen des rechten
Armeeflügels, des II. und des IV. Reſervekorps, im Anſchluß
das Kavalleriekorps.“ Wie ſich die engliſche Armee der ge=
planten Vernichtung entziehen konnte, wird demnächſt nach=
zutragen ſein. Die Sorge um die rückwärtigen Verbindungen
der Armee fand eine Erleichterung durch den angeſagten
Zuzug des IX. Reſervekorps über Aachen auf Antwerpen;
bis zur Durchführung mußte bedauerlicherweiſe das IV. Re=
ſervekorps durch Abgabe einer vollen Infanterie=Brigade ge=
ſchwächt werden.

Das Vorgehen der Heereskavallerie Marwitz auf Denain

lag dem Oberkommando bei der Ungewißheit über Gegner
und Lage am Herzen. Sie hatte heute die Schelde bei
Berghem—Pottes erreicht. Da traf vom Oberkommando der
II. Armee der Befehl ein, weiter auf Courtrai vorzugehen, eine
Aufgabe, die vielleicht einem Regiment mit Geschütz und Ma=
schinengewehr anvertraut werden konnte. Auf diesseitigen An=
trag bei der Obersten Heeresleitung wurde General v. der
Marwitz der I. Armee unterstellt. Wenngleich kostbare Zeit
und Gefechtskraft von Mann und Pferd durch die nach Nord=
westen ausholende Bewegung der Heereskavallerie veraus=
gabt war, so konnte sie sich nunmehr den Bewegungen des
rechten Flügels der I. Armee anschließen und am 24. nach
ausgreifendem Marsch die Gegend nördlich Denain erreichen.

Die II. Armee beabsichtigte, am 24. August den Angriff
mit dem rechten Flügel von Binche in Richtung Merbes le
Château fortzusetzen. Am 24., 12 Uhr 7 nach Mitternacht,
war von ihrem Oberkommando nachstehender Befehl, ab 23.,
8 bis 10 Uhr 15 abends, eingegangen: „IX. Armeekorps ist
sofort westlich Maubeuge zum umfassenden Angriff gegen
feindliche linke Flanke vorzuführen, III. Armeekorps schließt
sich dem IX. gestaffelt an." Ein unmittelbar an das IX. Ar=
meekorps gerichteter Befehl verlangte sofortige Alarmierung
und Vormarsch, worauf zu melden war, daß sowohl das IX.
wie die Nachbarkorps dem Feinde mit Gewehr im Arm,
ersteres in Linie Mons—Villers St. Ghislain, gegenüber=
liege und demnach der befohlene Angriff nicht ausführ=
bar sei.

Am 24. August gewinnen die Armeekorps IV, III, IX
nach heftigen Kämpfen ihrer vordersten Truppen die Linie
Onaing—Elouges—Dour—Genly—Harveng. Die Engländer,
auf zwei bis drei Divisionen geschätzt, sind in Richtung
Curgies—Bavai zurückgeworfen. II. Armeekorps nimmt

Condé nach kurzem Kampfe gegen Territorialtruppen; die
Forts Maulde, Flines, beide nicht armiert, werden ohne
Kampf besetzt, tags darauf auch das nicht verteidigte Curgies.
Das IV. Reservekorps erreicht Ligne südwestlich Ath. Die
Hauptkräfte der Engländer — nach aufgefundenen Befehlen
das ganze Landungskorps — werden zwischen Valencien-
nes—Maubeuge vermutet. In der Linie Menin—Roubaix—
Tournai sind schwache Festungstruppen aus Lille erkundet.
General v. der Marwitz hat bei Tournai eine französische
Infanterie-Brigade zersprengt. Nach einem beim Oberkom-
mando in Soignies mitgehörten Funkspruch hat die II. Armee ihren Feind gegenüber entscheidend geschlagen und ist
in weiterem siegreichen Angriff.

Nach dem bisherigen Widerstand der englischen Armee
in der zweitägigen Schlacht von Mons—St. Ghislain war
mit weiterer kräftiger Abwehr auf der Linie Valenciennes—
Bavai—Maubeuge zu rechnen.

Auf gegnerischer Seite hatten sich inzwischen nach dem
French-Bericht die Dinge folgendermaßen entwickelt:

Mit Tagesanbruch des 24. August setzte die 2. englische Division, unterstützt durch die Artillerie beider Divisionen des 1. Korps, einen „demonstrativen" Angriff von
Garmignies in Richtung Binche an, während sich die 1. Division bei Peissant, südwestlich Binche, bereitstellte; Bewegungen gegenüber dem IX. und VII. Armeekorps. Unter
dem angeblichen Schutz dieser Demonstrationen zog sich das
2. englische Korps in die Linie „Frameries—Dour—
Quarouble" zurück, wobei dessen rechte Division, die 3.,
schwere Verluste erlitten hatte. Das 2. Korps hielt sich zunächst in der teilweise verschanzten Linie, indessen das 1. schon
früher vormittags in die Linie Maubeuge—Bavai zurückging. Mittags gewann General French den Eindruck, daß

die Deutſchen ihren Hauptangriff gegen den linken engliſchen
Flügel richteten, wo die 5. Diviſion ſchwer bedrängt und von
der Kavallerie=Diviſion Allenby unterſtützt wurde, deren
gegen Infanterie attackierende Regimenter, 9. Lancers und
18. Huſſars, ſchwerſte Verluſte erlitten. Die bisher zum
Schutz der Verbindungen abkommandierte 19. Infanterie=
Brigade war am 22. bis 23. Auguſt mit der Bahn nach
Valenciennes befördert und deckte vom 24. morgens ab den
linken Flügel des 2. Korps ſüdlich Quarouble. Dieſes be=
werkſtelligte — ſtark mitgenommen — im Verein mit der Ka=
vallerie=Diviſion ſeinen Rückzug und erreichte mit Dunkel=
werden die Stellung weſtlich Bavai.

Somit ſtand die engliſche Armee mit dem 1. Korps
zwiſchen Maubeuge—Bavai, dem 2. in der Gegend Bry—
Jenlain, am linken Flügel geſtützt durch die 19. Infanterie=
Brigade und Kavallerie=Diviſion beiderſeits des Rhonelle=
Baches, zur zweiten Schlacht gegen die I. Armee bereit.

Sir John French berichtet über die Ereigniſſe des fol=
genden Tages, des 25. Auguſt:

„Die Franzoſen waren immer noch im Rückzug be=
griffen, und ich hatte keine weitere Unterſtützung außer durch
Anlehnung an die Feſtung Maubeuge.

„Die energiſchen Angriffe des Feindes gegen meinen
linken Flügel machten mir klar, daß ſeine Abſicht ſei, mich
gegen dieſen Platz zu drücken und zu umzingeln. Ich mußte
daher ſo ſchnell wie möglich mich in eine andere Stellung
zurückziehen. — Ich konnte annehmen, daß der Feind ſehr
ermüdet ſei und daß er ſtarke Verluſte gehabt hätte; ich
hoffte daher, daß ſeine Verfolgung mich nicht von meinem
neuen Ziel abzubringen imſtande ſei. Der Rückzug war
jedoch ſehr ſchwierig und voller Gefahr, nicht allein wegen
der Übermacht des Feindes, ſondern auch, weil meine Trup=

pen außerordentlich mitgenommen waren. Der Rückzug be=
gann am frühen Morgen des 25. in der Richtung auf eine
Stellung in der Nähe von Le Cateau; es sollte die Nachhut
die Straße Maubeuge—Bavai—Eth—Rond um 5 Uhr 30
freigemacht haben.

„Zwei Kavallerie=Brigaden mit der Divisions=Kavallerie
des 2. Korps sollten die Bewegung des 2. Korps decken, der
Rest der Kavallerie sowie die 19. Brigade, beide unter dem
Befehl des Generals Allenby, die linke Flanke sichern. Die
4. Division wurde bei Le Cateau am Sonntag, den
23. August, aus dem Zuge geladen, so daß am Morgen des
25. elf Bataillone und eine Artillerie=Brigade mit dem Divi=
sionsstab zur Verwendung bereit waren. Ich befahl dem
General Snow, eine Stellung einzunehmen, die mit ihrer
Rechten südlich von Solesmes, mit ihrer Linken bis an die
Straße Cambrai—Le Cateau südlich von La Chaprie sich
erstreckte. In dieser Stellung konnte die Division wesentlich
den Rückzug des 2. und 1. Korps in ihre neuen Stellungen
unterstützen.

„Es war zwar den Truppen der Befehl zugegangen, die
Linie Cambrai—Le Cateau—Landrecies zu besetzen. Auch
hatten sie während des 25. sich in der angegebenen Linie ver=
schanzt, jedoch mußte ich auf die Meldungen von der dauernd
wachsenden Übermacht des Feindes mich dazu entschließen, den
Rückzug weiter fortzusetzen. Auch die Franzosen setzten zu
meiner Rechten ihren Rückzug fort. Die Gefährdung meines
linken Flügels durch das Bestreben des feindlichen westlichen
Korps (des II. Armeekorps), mich zu umfassen, und nicht
zum mindesten der sehr erschöpfte Zustand meiner eigenen
Truppen ließen in mir den Entschluß reifen, den Rückzug
so weit fortzusetzen, bis ich ein größeres Hindernis, etwa die
Somme oder die Oise, zwischen den Feind und mich bringen

könnte. Hierdurch hoffte ich Gelegenheit zu haben, meinen Truppen Ruhe gewähren und sie wieder organisieren zu können. Den Korpskommandeuren ging daher der Befehl zu, sobald als möglich den Rückzug in die allgemeine Linie Bermand—St. Quentin—Ribemont zu bewerkstelligen. Die Kavallerie unter General Allenby erhielt den Befehl, den Rückzug zu decken. Während des ganzen 25. zog sich das 1. Korps auf der Straße längs des östlichen Randes der Fôret de Mormal in Richtung auf Landrecies zurück und erreichte diesen Ort etwa um 10 Uhr abends. Ursprünglich war das Korps etwas weiter westlich in die Lücke zwischen Le Cateau und Landrecies angesetzt. Die Truppen waren jedoch derart ermüdet, daß sie diese Stellungen nicht ein= nehmen konnten.

„Der Feind ließ uns jedoch keine Ruhe; um 9 Uhr 30 abends kam eine Meldung, daß die 4. Guards=Brigade in Landrecies heftig vom IX. deutschen Armeekorps, welches durch den Wald auf den Nordausgang der Stadt vorgehe, angegriffen würde. Die genannte Brigade focht mit hervor= ragender Tapferkeit und fügte dem Feinde schwere Verluste zu, besonders bei seinem Vorbrechen aus dem Walde und seinem Angriff durch die schmalen Straßen von Landrecies. Zuverlässige Quellen geben diese Verluste auf 700 bis 1000 Mann an.

„Sir Douglas Haig meldete mir ungefähr zur selben Zeit, daß seine 1. Division südlich und östlich von Maroilles in heftigem Kampfe stehe. Ich schickte dringende Gesuche an den Kommandeur der beiden französischen Reserve=Divisionen, zu meiner Unterstützung ins Gefecht einzugreifen, was auch geschah. Teils durch diese Unterstützung, aber hauptsächlich durch die geschickte Art, mit der Sir Douglas Haig sein Korps im Dunkel der Nacht aus einer besonders schwierigen Lage

4*

loslöfte, war es möglich, daß diefes 1. Korps feinen Marfch
in füdlicher Richtung über Waffigny auf Guife fortfetzen
fonnte. Das 2. Korps hatte gegen 6 Uhr abends eine Stellung bezogen, mit feinem rechten Flügel bei Le Cateau, mit
feinem linfen in der Gegend von Caudry. Dort fchloß fich
in der Richtung auf Seranvillers die Verteidigungslinie der
4. Divifion mit zurückgenommenem linfen Flügel an."

Bei diefen durch die Umftände gebotenen Maßnahmen
fonnte die englifche Armee um fo mehr entrinnen, als der
I. Armee das wirffame Mittel fehlte, fie zum Stehen zu
bringen: das drei Divifionen ftarfe Kavalleriekorps Marwitz.
Auf dem Zug Ath—Schelde—Courtrai begriffen und erft am
24. abends der Armee unterftellt, vermochte diefes die Löfung
der Aufgabe, der englifchen Armee zunächft in die Flanke,
dann in den vollen Rücken zu kommen, auch bei ausgiebigem
Abfetzen vom rechten Flügel der I. Armee nicht mehr zu
löfen.

Der Armeebefehl vom 24., abends 8 Uhr 30, ab Soignies,
hatte mit Annahme einer Schlacht feitens der englifchen
Armee in Linie Maubeuge—Bavai—Valenciennes zu rechnen. Daraufhin wurde neben den fchon erwähnten Hin-
weifen befohlen:

„4. Es greifen an: IV. Armeekorps zwifchen Canal
de L'Escaut und dem Rhonelle-Bach unter Niederkämpfung
der Artillerie von Curgies; III. anfchließend, linfer Flügel
über La Bouverie—Blaugis—Bellignies—St. Vaaft. Linie
Onaing—Angre—Athis ift um 5 Uhr vormittags von beiden
Korps zu überfchreiten; IX. deckt den Angriff gegen Maubeuge und zieht nach Maßgabe des Vorgehens des III. Teile
auf deffen linfen Flügel zur Mitwirkung beim Angriff auf
Bavai. Das II. Armeekorps geht morgen durch den Wald
von Raisms vor und holt fo weit füdlich Valenciennes aus,

daß der Angriff die feindliche Flanke trifft. Die Bahn
Somain—Raismes ist um 6 Uhr vormittags zu über=
schreiten.

„5. Das IV. Reservekorps trifft morgen über Basècles—
Blaton um 9 Uhr vormittags mit dem Vortrupp in Condé
zu meiner Verfügung ein.

„6. H. K. K. 2 — Kavalleriekorps Marwitz — geht süd=
lich Denain gegen den Rücken der Engländer vor und
schneidet ihnen den Rückzug nach Westen ab.

„7. Forts Maulde und Flines sind durch das II. Armee=
korps so niederzukämpfen und niederzuhalten, daß auch das
spätere Vorgehen des IV. Reservekorps gesichert ist.

„8. Ich begebe mich am 25., um 10 Uhr vormittags, von
Soignies nach der Gegend östlich Condé; dort um 11 Uhr
vormittags eine Kompagnie des IV. Reservekorps. Mel=
dungen bis 10 Uhr vormittags durch Fernsprecher nach
Soignies; um 11 Uhr vormittags Befehlsempfänger aller
Korps, außer III. Reservekorps, in Gegend östlich Condé bei
Thivencelles.   (gez.) v. Kluck.“

Die Umfassung der englischen Armee, deren Standhalten
vorausgesetzt, in ihrer Linken erschien gewährleistet durch
die Kavalleriemasse Marwitz und das ausgreifende Armee=
korps II v. Linsingen. In der Front drängten das IV., Sixt
v. Armin, das III., v. Lochow, und Teile des IX., v. Quast,
während der große Rest des Korps gegen Maubeuge sicherte
und Schulterfühlung mit dem VII. der II. Armee aufrecht=
erhielt. Das IV. Reservekorps, v. Gronau, stand mit Ablauf
des Tages, mit großen Teilen schon früher, bereit, um als
Generalreserve des Oberbefehlshabers nach Westen, Süden
oder Osten verwendet zu werden. Die Beweglichkeit der
Armee in vorzüglichen Marschleistungen wurde gefördert
von den Maßnahmen ihrer erprobten Korpsführer.

Am 25. 8., 2 Uhr vormittags, war eine wichtige Flie=
germeldung eingegangen: feindliche Kolonnen aller Waffen
seien im Rückzuge auf den Straßen Bellignies—Bavai, La
Flamengrie—Bavai, Gommegnies—Bavai. In welcher
Richtung die Weiterbewegungen von Bavai erfolgten, war
nicht erkennbar, jedoch wurde beim Oberkommando der Ein=
druck erweckt, daß die Engländer auf Maubeuge auswichen.
Um 8 Uhr 15 vormittags wird der Weitermarsch der Armee
in mehr südlicher Richtung in die Linie Le Cateau und west=
lich durch das II. Armeekorps, Pommereuil—Landrecies
durch IV., Maroilles—Berlaimont durch III. geleitet.

Dieses soll gleichzeitig gegen West= und Südwestfront
der Festung decken, das IX. die Nordwestfront abschließen.

Jene Auffassung erwies sich im Laufe des Vormittags
als irrig; es bestätigte sich vielmehr, daß der Gegner mit
starken Kräften über Bavai auf Le Cateau, mit schwächeren
über Solesmes in südwestlicher Richtung auswich. Um ihn
zum Stehen zu bringen, wird, nachdem, wie oben erwähnt,
das Kavalleriekorps Marwitz angewiesen war, sich den feind=
lichen Kolonnen vorzulegen, um 12 Uhr 15 nachmittags aus
Thivencelles, östlich Condé, angeordnet: IV. Armeekorps
erhält außer den schon zugewiesenen Marschstraßen noch die
von Valenciennes—Solesmes—Le Cateau; II. geht westlich
dieser möglichst weit nach Süden vor; III. wird von der
Aufgabe entbunden, gegen Maubeuge zu decken, zieht seine
Hauptkräfte auf den eigenen rechten Flügel und marschiert
möglichst über Maroilles hinaus; IX. übernimmt die Deckung
der Bewegungen auf der gesamten Nordwest= und Südwest=
front gegen Maubeuge und dehnt hierzu seinen rechten Flügel
nach Maßgabe des Vorschreitens des III. Armeekorps bis
an die Sambre in Gegend Aulnoye aus. Es bereitet den
Übergang über die Sambre vor, um später den Vormarsch

außerhalb des Schußbereichs der Festung in südlicher Rich=
tung fortsetzen zu können.

Im Laufe des Tages wirft Marwitz bei Bouchain—
Denain französische Territoriale zurück und zwingt in nord=
westlicher Richtung von Solesmes auf Cambrai zurück=
gehende englische Kolonnen, in südlicher Richtung auszu=
weichen. Das IV. Armeekorps kann die Engländer bei So=
lesmes fassen, die das Städtchen nach hartnäckigem Wider=
stand erst in der Nacht räumen. Die II. Armee will heute
die Gegend nordöstlich Avesnes—Chimay erreichen.

Das Oberkommando hatte, wie schon erwähnt, eine Kom=
pagnie bei Thivencelles zur Bedeckung. Diese wurde nahe
dem Befehlsstand von Heckenschützen beschossen, die man
sofort tötete, und deren Anwesen in Flammen aufgingen.
Um 6 Uhr abends fuhr das Oberkommando von seinem
Befehlsstand Thivencelles nach Condé über halbzerstörte
Festungsbrücken und durch das freundliche Valenciennes—
Querenaing—Vendegies (dies in Flammen, die den benzin=
gefüllten Kraftwagen bedenklich nahe kamen) nach nördlich
Solesmes bis dicht hinter die Front der noch kämpfenden
8. Division vom IV. Korps, woselbst im Halbdunkel starke
Schützenentwicklungen stattfanden. Solesmes war als
Hauptquartier in Aussicht genommen unter der Annahme,
daß es von unseren Truppen besetzt sei. Nachdem die Lichter
der langen Wagenkolonne gelöscht waren und diese mit
Schwierigkeiten gewendet hatte, kam der Stab spät abends
in Haussy, drei Kilometer nördlich Solesmes, unter Dach und
auf Stroh. Nur der Oberbefehlshaber konnte eine etwas
bequemere Ruhestätte bei den verschüchterten, später jedoch
zutraulicher werdenden französischen Landleuten finden. Das
Oberkommando stand somit an der Front in der Mitte der
Armee, die am Abend des 25. nach allseitig bedeutenden

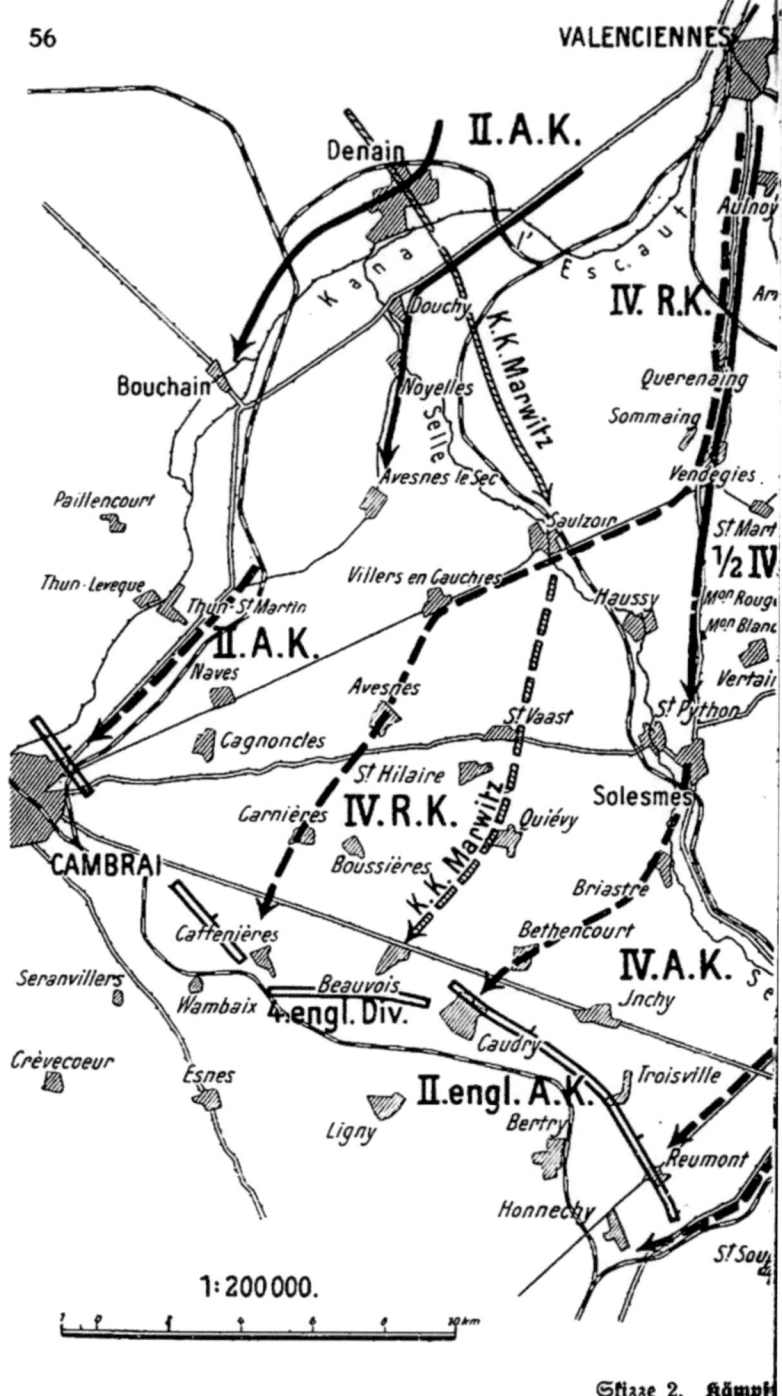

1 : 200 000.

Skizze 2. Kämpf

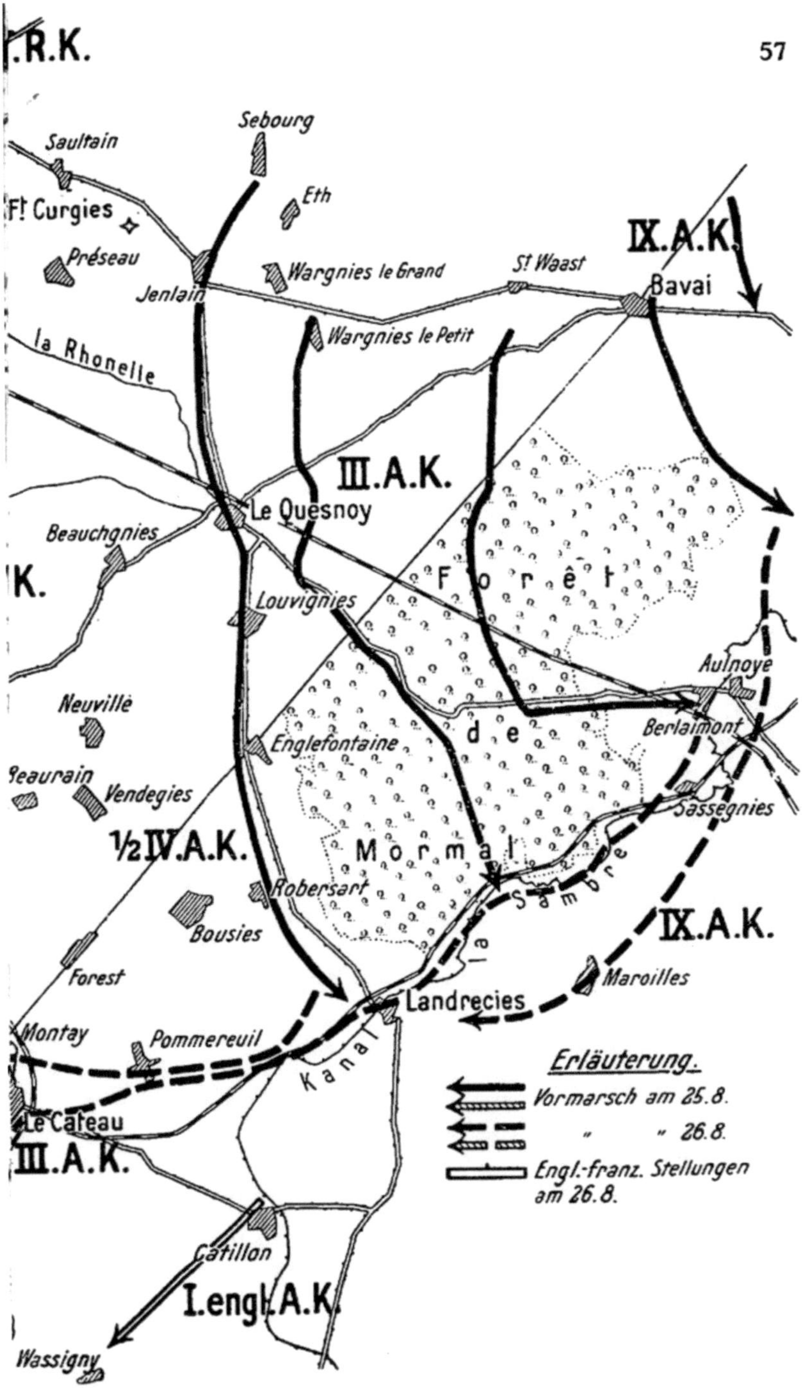

Saultain

Sebourg

Eth

F! Curgies

Préseau

Wargnies le Grand

St Waast

IX.A.K.

Jenlain

Bavai

la Rhonelle

Wargnies le Petit

III.A.K.

Le Quesnoy

Beauchgnies

Forêt

K.

Louvignies

Aulnoye

Neuville

Englefontaine

d e

Berlaimont

Beaurain

Vendegies

Sassegnies

½IV.A.K.

M o r m a l

IX.A.K.

Robersart

Sambre

Bousies

la

Maroilles

Forest

Montay

Pommereuil

Landrecies

Le Cateau

Kanal

Erläuterung.

III.A.K.

Vormarsch am 25.8.

„   „   26.8.

Engl.-franz. Stellungen
am 26.8.

Catillon

I.engl.A.K

Wassigny

Märschen mit ihren Anfängen oder stärkeren Kräften fol=
gende Linie erreicht hatte: II. und Kavalleriekorps Bou=
chain—Saulzoir; IV. Solesmes—Bousies—Landrecies; III.
Maroilles—Aulnoye; IX. Pont—Bavai—Havay, im Bogen
südlich, westlich, nördlich Maubeuge; IV. Reservekorps Va=
lenciennes. Die Fronten wiesen nach Südwesten und Süd=
osten mit dem Bruchpunkt Landrecies.

Im Armeebefehl aus Haussy vom 25., abends 11 Uhr 50,
wurde angesagt, daß die I. Armee am 26. unter Forderung
von teilweise starken Marschleistungen die Verfolgung des
geworfenen Feindes fortsetze, und zwar solle das II. Armee=
korps über Cambrai auf Bapaume marschieren und westlich
der Straße Valenciennes—Vendegies—Villers en Cauchies—
Cattenières bis in Höhe von Graincourt vorgehen, dieses
südwestlich Cambrai; IV. Reservekorps über Vendegies—
Villers en Cauchies bis Cattenières bei frühzeitigem Auf=
bruch; IV. von Solesmes und Landrecies über Caudry und
Montay—Caullery—Walincourt bis Vendhuille; die Straße
Landrecies—Le Cateau gehört dem III. Armeekorps; dieses
marschiert auf genannter Straße bis Maretz;- das IX. deckt
den Abmarsch der Armee gegen West= und Südwestfront
von Maubeuge und setzt die übrigen Teile hinter das III.
über Berlaimont—Maroilles bis Landrecies in Marsch. Dem
III. Korps steht für die Bewegungen seiner Kolonnen und
Trains die Straße Gussignies—Gommegnies—Villereau—
östlich Le Quesnoy nach Englefontaine zur Verfügung. Be=
fehlsempfang um 12 Uhr mittags in Solesmes, wohin das
Oberkommando am 26. vormittags von Haussy abfuhr.

Über den Verlauf des 26. August spricht sich der Bericht
treffend aus: „Die erbitterten Kämpfe, die sich an diesem Tage
in der Linie Crèvecoeur—Reumont (zwischen Cambrai und
Le Cateau) entwickeln, bilden den Höhepunkt der als-

„Schlacht bei Solesmes" bezeichneten mehrtätigen Verfol=
gungskämpfe gegen die Engländer. Zunächst greift das
Kavalleriekorps Marwitz am frühen Morgen über Wam=
baix—Beauvois—Quievy den in westlicher Richtung ab=
ziehenden Feind an, drängt ihn zum Teil nach Süden zurück
und fesselt ihn, bis die Anfänge der Armeekorps heran sind;
das IV. Armeekorps faßt gegen 9 Uhr vormittags starke
englische Kräfte bei Caudry—Troisvilles—Reumont an und
hat gegen den in seiner Stellung gut eingerichteten Feind
einen schweren Stand. Das IV. Reservekorps soll den nörd=
lichen, das III. Armeekorps den südlichen Flügel dieser Stel=
lung umfassend angreifen.

Das erstere stößt jedoch bei Cattenières auf Franzosen,
das III. Korps, auf Maretz angesetzt, kommt am 26. August
nicht über Honnechy hinaus, so daß die angestrebte Umfassung
nicht wirksam wird. Bis zum Abend gelingt es dem IV. Re=
servekorps, seinen Gegner in südlicher Richtung zurückzu=
drücken, während das IV. Armeekorps den rechten Flügel
der Engländer wirft. Das II. Armeekorps schlägt bei
Cambrai stärkere französische Kräfte zurück. — In Lille
dringt eine Kavalleriepatrouille ein, ohne Widerstand zu
finden. Vor der II. Armee gehen am 26. August starke feind=
liche Kräfte von Landrecies—Avesnes auf Guise—Vervins
zurück. Sie wird am 27. mit rechtem Flügel über Leval—
Landrecies—Catillon auf St. Quentin marschieren.

Zur Einschließung von Maubeuge bestimmte das
Armee=Oberkommando II zwei Divisionen der eigenen und
eine der I. Armee. Beim Oberkommando der I. Armee ver=
trat man die Ansicht, daß zur Einschließung der nur mit
minderwertigen Truppen besetzten Festung ein bis zwei
Reserve=Divisionen genügen würden, und teilte die Forde=
rung der II. Armee an die Oberste Heeresleitung neben der

Anfrage mit, ob die Unterstellung der I. Armee unter die II.
noch bestehe. Die Heeresleitung hebt darauf die Unter=
stellung auf und bestimmt, daß die II. Armee Maubeuge
allein einzuschließen habe.

Nach den vorliegenden Nachrichten befindet sich das
ganze englische Expeditionskorps — sechs Infanterie=Divi=
sionen, eine Kavallerie= und mehrere französische Territorial=
Divisionen — vor der I. Armee. Am 26. August sind mehr
als 2600 Gefangene, meist Engländer, 7 Feld= und eine
schwere Batterie in die Hand der I. Armee gefallen. Wenn
die Engländer am 27. standhalten, so kann die beiderseitige
Umfassung durch das II. und III. Armeekorps noch einen
großen Erfolg bringen."

Wenden wir uns zum Bericht von Sir John French
über die Tage von Solesmes: „Während der Kämpfe am
24. und 25. war die Kavallerie durcheinandergekommen,
jedoch hatte General Allenby am frühen Morgen des 26.
erreicht, daß zwei Brigaden südlich von Cambrai versammelt
standen. Die 4. Division wurde dem 2. Armeekorps unter=
stellt. Am 24. war das französische Kavalleriekorps, drei
Divisionen unter General Sordet, in Quartieren nördlich von
Avesnes. Auf meinem Wege von Bavai, wo mein »poste
de commandant« während der Kämpfe des 23. und 24. war,
suchte ich General Sordet auf und bat ihn dringend um seine
Unterstützung. Er versprach mir, daß er sich vom Höchst=
kommandierenden die Erlaubnis holen würde, auf meinem
linken Flügel einzugreifen. Jedoch sagte er, seine Pferde
wären so müde, daß er sie vor einigen Tagen nicht gebrauchen
könne. Obgleich er mir im späteren Verlauf des Rückzuges
große Dienste geleistet hat, konnte er mir an dem kritischsten
Tage, am 26., nicht zu Hilfe kommen. Bei Tagesanbruch
des 26. wurde es klar, daß der Feind seine Haupttruppen

gegen den linken Flügel meiner Stellung angesetzt hatte, wo das 2. Korps und die 4. Division standen. Zu dieser Zeit war die ganze Artillerie von vier deutschen Armeekorps gegen sie — 2. Korps und 4. Division —, und Sir Horace Smith Dorrien meldete mir, daß er nicht glaube, angesichts einer solchen Überlegenheit seinen Rückzug bei Tagesanbruch, wie es befohlen war, bewerkstelligen zu können. Ich schickte ihm Befehl, sein Äußerstes zu versuchen, das Gefecht abzubrechen und seinen Rückzug sobald als tunlich anzutreten, da es für mich unmöglich sei, ihm zur Unterstützung zu kommen; das 1. Korps war in diesem Augenblick völlig bewegungsunfähig.

„Das französische Kavalleriekorps Sordet war am frühen Morgen hinter unserem linken Flügel in Anmarsch, und ich schickte ihm eine dringende Bitte, sobald als möglich vorzukommen und meinen linken Flügel zu unterstützen. Durch die völlige Ermattung seiner Truppen war es ihm jedoch unmöglich, in irgend einer Weise einzugreifen. — Es war keine Zeit vorhanden gewesen, unsere Stellung genügend auszubauen, doch hielten sich unsere Truppen ausgezeichnet gegen das mörderische Feuer des Gegners. Die Artillerie bewährte sich hervorragend gegen die vierfache Überlegenheit und fügte dem Feinde großen Schaden zu. Endlich wurde es einleuchtend, daß, wenn eine gänzliche Vernichtung vermieden werden sollte, der Rückzugsbefehl gegeben werden müßte; dieser wurde 3 Uhr 30 nachmittags erteilt. Bei dieser Bewegung wurden wir durch die Artillerie in hervorragendstem Maße unterstützt, trotz großer Verluste, die sie schon erlitten hatte. Auch das umsichtige Eingreifen der Kavallerie beim weiteren Rückzug trug wesentlich dazu bei, daß diese so gefahrdrohende Bewegung überhaupt ausgeführt werden konnte. Zum Glück hatte der Feind auch sehr große Ver-

lufte, welche ihn behinderten, an eine energifche Verfolgung
zu denken. Ohne General Smith Dorrien, einen Führer von
feltener Ruhe und Entfchloffenheit, wäre Rettung des linken
Flügels am Morgen des 26. Auguft niemals möglich ge=
wefen. Der Rückzug dauerte bis fpät in die Nacht des 26.
fowie während des ganzen 27. und 28. An diefem Tage
hielten die Truppen in der Linie Noyon—Chauny—La Fère.

„Am 27. und 28. griff General Sordet zu meiner Unter=
ftützung ein, und es gelang ihm dabei, einen Teil des
Gegners auf Cambrai zurückzuwerfen. Auch General
d'Amade rückte mit der 61. und 62. franzöfifchen Referve=
Divifion aus der Gegend von Arras heran, bedrohte da=
durch den feindlichen rechten Flügel und erleichterte daher
der Nachhut der britifchen Truppen wefentlich ihre Aufgabe.
Hiermit fchließt ein Zeitraum fchwerer Gefechte, welcher in
Mons am Sonntag den 23. Auguft begann und tatfächlich
eine viertägige, ununterbrochene Schlacht darftellt."

Mit dem Abend des 26. hatte die I. Armee nach ihren
harten Kämpfen mit Engländern und Franzofen folgende
Abfchnitte gewonnen: zur Rechten v. der Marwitz den
Raum weftlich Cambrai, das II. Armeekorps v. Linfingen,
über Cambrai nachhaltig ausgreifend, Hermies—Marcoing,
das IV. Refervekorps v. Gronau, nach gewaltigem Marfch
von Valenciennes über Cattenières—Crèvecoeur; zur Linken
das IV. Armeekorps Caudry—Troisvilles—Reumont; das
III. mit den Anfängen Honnechy, das IX. den Sambre=
übergang Landrecies. Die Armee vollzog kämpfend eine
beträchtliche Rechtsfchiebung unter Fühlung mit dem rechten
Flügel der II. Armee. — Im Laufe des Tages war der
leitende Teil des Oberkommandos von Solesmes an die
Front der 8. Divifion, Generalleutnant Hildebrand, im
Raume Quievy—Viesly in den Brennpunkt der dortigen

Kämpfe geeilt, wo sich die erfreuliche Gelegenheit bot, Teil-
kämpfe zu übersehen, sowie den Generalen Sixt v. Armin
und Hildebrand zu begegnen. Noch hoffte der Oberbefehlshaber auf die Umklammerung der Engländer auf beiden
Armeeflügeln. Der Chef des Stabes und der Oberquartier-
meister erhielten bei diesem Frontbesuch eine ausgiebige,
glücklich verlaufende Feuertaufe, und der Oberbefehlshaber
wurde mit einem englischen Schrapnell beehrt, welches wir-
kungslos zwischen ihm und drei Herren seiner Begleitung
einschlug. Ein geringer Ortswechsel nach vorwärts erwies
sich als überflüssig.

Im wiederversammelten Hauptquartier Solesmes ergingen um 9 Uhr 13 abends die Befehle für den 27. Da sich
die Nachrichten über das Weichen des Gegners verdichteten,
sollte das II. Armeekorps v. Linsingen um 2 Uhr morgens
von Hermies auf Manancourt, und von Marcoing auf
Guyencourt, nördlich Villers-Faucon, vorgehen, um den
Angriff auf den im Rückzug vermuteten Feind fortzusetzen,
da, wo er getroffen würde. Das IV. Reservekorps v. Gronau
erhielt den Raum zwischen IV. und II. Armeekorps; das
IV., Sixt v. Armin, erhielt das Gelände Caudry—Ligny—
Walincourt—Vendhuille und Reumont—Serain—Bellicourt;
das III., v. Lochow, den südlich vom IV. über das gestern
nicht zu erreichende Maretz hinaus. Gegen Linie Esnes—
Caudry—Reumont ist um 5 Uhr morgens anzutreten. Das
IX. Armeekorps, v. Quast, trifft über Landrecies mit der
vorderen Division und der schweren Artillerie um 10 Uhr
morgens bei Le Cateau zur Verfügung des Oberbefehlshabers ein. Die hintere Division ist gegenüber der Westfront Maubeuge belassen, Kavalleriekorps v. der Marwitz
geht vorwärts des II. Armeekorps vor, um dem Gegner den
Rückzug zu verlegen. Die Rechte und Linke der I. Armee

ſtellten hiernach zwei annähernd gleich ſtarke, in Gefechts=
und Marſchfühlung miteinander ſtehende Gruppen dar, um
der Verfolgung den erforderlichen ſchweren Nachdruck zu
verleihen. Hauptquartier bleibt Solesmes.

Ein Ausweichen des Feindes in weſtlicher Richtung
nördlich der Somme erſchien durch den frühzeitigen Druck
des rechten Armeeflügels verhindert. Nach Überſchreiten
dieſes Fluſſes, vorausſichtlich im Verlauf der nächſten
48 Stunden, durch die I. Armee lockte die Ausſicht, „den
feindlichen linken Flügel auf die vor der II. Armee nach Süd=
weſten zurückgehenden ſtarken franzöſiſchen Kräfte zu
werfen". Während der Verfolgung am 27. werden in zahl=
reichen Zuſammenſtößen Teile der Armee d'Amade, die zur
Deckung der linken Flanke der engliſchen Armee in Gegend
Amiens neu gebildet wird, einzeln geſchlagen. So wirft das
II. Armeekorps bei Guyencourt die franzöſiſche 3. Kavallerie=
Diviſion, bei Dailly franzöſiſche Reſerveregimenter, die
Heereskavallerie Marwitz bei Bus die 84. franzöſiſche Terri=
torial=Diviſion.

Im Verlauf ihrer vierzehntägigen Offenſive von Aachen
bis unweit Péronne legte die I. Armee mit dem heutigen
Tage zwei Drittel des Bogenweges über Brüſſel nach Paris
zurück. Ruhetage im Sinne des Wortes einzuſchalten, ver=
bot der Drang der ſtrategiſchen Lage. Märſche, Gefechte,
Schlachten, Märſche reihten ſich aneinander. Um ſo drin=
gender erheiſchte die ununterbrochene Pflege der rückwär=
tigen Verbindungen hinſichtlich Sicherung, Zufuhr der Ver=
pflegung, Munition, weitere eingreifende Beachtung. Am
24. Auguſt wurde die Grenze des Etappengebiets bis zur Linie
Ninove—Hal—Waterloo vorverlegt, Beſatzung für Hal vor=
geſehen, die Befeſtigung wichtiger Etappenorte durch Draht=
hinderniſſe und Einrichtung zweckdienlicher Gebäude be=

fohlen, Brücken und Überführungsköpfe angelegt, auch fieben
Bataillone und zwei Eskadrons Landfturm am felben Tage
ab Magdeburg herangezogen. Das IX. Refervekorps er=
reichte am 25. Tongern nördlich Lüttich. Dies foll mit dem
III. Refervekorps und zu erwartenden Landwehrtruppen
unter gemeinfamem Oberbefehl des Generals v. Befeler die
Deckung gegen Antwerpen übernehmen. Man hofft, daß
nunmehr die Oberfte Heeresleitung die in Brüffel ftehende
Brigade des IV. Refervekorps befchleunigt nachführt, um die
Gefechtsftärke der I. Armee bei ihrem unangelehnten rechten
Flügel und ihrer offenen Flanke hoch zu erhalten. Wieder=
holte Bitten konnten noch nicht erfüllt werden. Schwere
Artillerie für das gefchwächte Korps ward erneut erbeten,
den Truppen Haushalten mit der Munition, befonders hin=
fichtlich Auffammelns der auf den Gefechtsfeldern nieder-
gelegten, zur ernften Pflicht gemacht. Für Kolonnen und
Trains war angefichts möglicher Beunruhigung durch die
Bevölkerung, verfprengte oder anderweitige Gegner geftattet,
fämtliche Mannfchaften mit Karabinern zu verfehen, wie
bereits im Frieden angeregt. Die Verbindungen der
Armeekorps zu dem Etappenhauptort werden am 27. weiter
feftgelegt, und von erfteren verlangt, den Zuftand der auf
Paris führenden Bahnen und das aufgefundene rollende
Material erkunden und prüfen zu laffen. Der verdienft=
volle Oberquartiermeifter und fein Generalftabsoffizier
von dem Hagen, dem Oberbefehlshaber vor dem Kriege als
Generalinfpekteur der VIII. Armeeinfpektion beigegeben und
fehr vorteilhaft bekannt, überwachte weitblickend und fördernd
die erörterten Fragen, um den Lebensnerv der Armeekorps
fpannkräftig zu erhalten. Die fchon erwähnte, der I. Armee
zugefallene Schwenkungsoffenfive durch Flamland und
Wallonenland, auf das Sommegebiet und gegen die Picardie

konnte voll Vertrauen weitergeführt werden angesichts der bisherigen Erfolge, der erhofften ausgiebigen Verstärkungen und im Hinblick auf vorzügliche Truppen und ihre zuverlässigen höchsten wie nachgeordneten Führer. Vorausschauend versah der alles im Auge behaltende Chef des Generalstabes der Armee die Armeekorps mit Anweisungen über die Bedeutung der in Greifnähe gerückten Somme-Linie und des Oise-Abschnitts unterhalb La Fère. Fluß- und Kanaltal der ersteren bilden unterhalb Peronne ein bedeutendes Hindernis. Buschige Wiesen, sumpfige Teiche unterbrechen das je 15 Meter breite doppelte Wasserhindernis. Höhen des Nordufers treten zurück; daher ist die Artillerieeinwirkung auf das südliche wenig zureichend, aber seine schnelle Besitznahme wichtig. Die Befestigungen von Péronne sind aufgegeben, jedoch behelfsmäßig verwendbar; die Somme erweitert ihr Bett an der Stadt teichartig, und das alte Schloß — von der Gefangennahme Ludwigs XI. durch Karl von Burgund 1468 geschichtlich bekannt — eignet sich sehr wohl zum hartnäckigen Ortskampf. Die veralteten Forts von La Fère sollen Kampfgeschütze haben. Der Oise-Abschnitt ist militärisch bedeutungsvoll. Von La Fère bis Chauny ist der Angriff auf das höhenreiche, linke südliche Ufer schwierig; unterstrom Chauny beherrschen die Höhen des nördlichen rechten Flußufers das flachere Gelände gegenüber.

Zwischen Noyon und Rivecourt, unterhalb Compiègne, überhöht das mannigfaltig bewaldete rechte Ufer die Gegend weithin, während die Waldungen des linken, abseits vom Flusse und Kanal gelegen, im Verein mit denen von Carlepont, Laigue, Compiègne die Verteidigung erschweren können. Die Breite der zwei bis fünf Meter tiefen Oise steigt von La Fère mit 30 Metern bei Compiègne auf 50, an der Mündung in die Seine auf 100. Der Oisekanal be-

gleitet den Fluß von La Fère ab bis Janville oberhalb Com=
piègne und ist bis Chauny 24, von hier bis zur Vereinigung
28 Meter breit. Schleusenbreite: 6,50 Meter.

Am 27. August stand die Armee nach den Kämpfen
dieses Tages in zwei Gruppen zum Angriff auf den Somme=
Abschnitt bereit: östlich Combles bei Sailly Sallisel—Ma=
nancourt das II. Armeekorps nebst der Heereskavallerie,
diese rückwärts gestaffelt von ersterem; das IV. Reservekorps
bei Villers=Faucon; IV. westlich Vendhuille; III. bei Nau=
roy; IX. mit den Anfängen nördlich Bohain bei Busigny
zurück. Die II. Armee will mit ihrem rechten Flügel von
Catillon, südöstlich Le Cateau, über Bohain in Richtung
St. Quentin vorgehen.

Im Armeebefehl Solesmes, 8 Uhr 15 abends, werden
als Sommeübergänge zugewiesen dem:

II. Armeekorps Bray und westlich einschließlich Corbie,

IV. Reservekorps Cappy und Ecluisier,

IV. Armeekorps Feuillères, Clery und Péronne,

III. Brie und St. Christ,

IX. Epénancourt, Falvy und Béthancourt.

Als Marschstraßen werden befohlen für:

II. Armeekorps Combles—Montauban—westlich Mari=
   court—Bray und Straßen westlich;

IV. Reservekorps Fins—Manancourt—Combles Südost=
   rand—Maurepas—Maricourt Südostrand;

IV. Armeekorps Liéramont—Moistains—Cléry und Vil=
   lers=Faucon—Péronne.

III. Hargiert—Roisel—Hancourt—Cartigny—Brie und
   Le Verguier—Vendelles—Poeuilly—Estreé en Chaus=
   sée—Athis—St. Christ.

IX. erreicht mit der Vorhut Pontru über Prémont—
   Brancourt—Joncourt—Bellenglise.

Die Armeekorps sollen durch Kavallerie mit Feld=
artillerie dem weichenden Feinde auf den Ferlen bleiben,
um seine Unordnung zu steigern und ihn beim Somme=
übergang anzugreifen.   Das III. Armeekorps hat durch Ka=
vallerie die für das IX. beltimmten Flußübergänge bei
Falvy und Béthancourt zu sichern und außer in seiner
Marschrichtung über Nesle und Ham aufzuklären. IX. Ar=
meekorps erkundet in seiner linken Flanke über St. Quentin
in Richtung Jussy—La Fère und nimmt Verbindung mit
dem rechten Flügel der II. Armee. Die Heereskavallerie geht
westlich Péronne über die Somme vor und hält der Armee
den Übergang über den Fluß offen. Aufklärung bis zur
Oise und auf Amiens. Pionier=Regiment 18 mit Pionier=Be=
lagerungstrain folgt dem IV. Armeekorps und ist ihm vor=
läufig unterstellt.

Die Flieger des II. Armeekorps klären im Dreieck
Albert—Doullens—Amiens auf, die des IV. im Raum
Bray—Amiens—Montdidier, des III. im Abschnitt Bray—
Montdidier—Nesle—Péronne, des IX. in dem von Ham—
Noyon—La Fère. Hauptquartier bis zum 28., 12 Uhr mit=
tags, in Solesmes, dann Villers=Faucon.

Nach diesen Anordnungen lag es in der Absicht des
Oberkommandos, unter Rechtsschiebung der Armee den
Somme=Bogen am 28. von Norden und Osten zu umklam=
mern und den Übergang zu erzwingen. Mit dem II. Armee=
korps über Bray—Corbie, dem IV. Reserve= und dem Ka=
valleriekorps oberhalb Bray und unterstrom Péronne, dem
IV. über Péronne, dem III. oberhalb des Somme=Knies
Brie und St. Christ, dem IX. tags darauf bei Falvy—Bé=
thancourt.

Am Morgen des 28. überfielen die 61. und 62. franzö=
fische Reserve=Division die Heereskavallerie in ihren Quar=

tieren. Inzwischen werden Franzosen bei Manancourt von
Teilen des II. und IV. Reservekorps gründlich geschlagen;
andere Teile des II. Armeekorps und des IV. Reservekorps,
dieses mit Entwicklung seiner gesamten Verbände, drängen
starke feindliche Kräfte mit schweren Verlusten für diese bei
Sailly Saillisel—Morval in westlicher Richtung zurück, also
in der über Combles befohlenen Marschrichtung des rechten
Flügelkorps, des II. Nicht bekannte Vorgänge haben das
II. Armeekorps auf die dem IV. Reservekorps zugewiesenen
Übergänge demnächst abgezogen, so daß dieses seine weiteren
Bewegungen hinter statt links neben dem erstgenannten
Korps ausführte.

Die Kriegstagebücher beider Armeekorps werden Auf=
schluß geben. Die Absicht des Oberbefehlshabers, den rechten
Flügel der Armee durch ein ungeschwächtes Korps mit
schwerer Artillerie stark zu erhalten, war leider hinfällig ge=
worden.

Das III. Armeekorps wirft mehrere von St. Quentin
aus vorstoßende Bataillone und Teile der 3. französischen
Kavallerie=Division zurück. Bis zum Abend ist nach kurzen,
mehrfach heftigen Zusammenstößen das linke Somme=Ufer
von Feuillières bis St. Christ in deutschen Händen. Die 3.
und 5. französische Kavallerie=Division und schätzungsweise acht
Bataillone, großenteils Reserve=Alpenjäger, stehen gegenüber.

Weitere französische Kräfte sollen dem Vernehmen nach
bei und südlich Amiens ausgeladen werden. — Das Ober=
kommando ist am 29. morgens in Péronne, welches vom
IV. Armeekorps im Kampf genommen war.

Am Nachmittage des 28. war im Hauptquartier Villers=
Faucon ein Funkspruch des Allerhöchsten Kriegsherrn mit
folgendem Wortlaut eingegangen: „Nach schnellen, entschei=
denden Schlägen gegen Belgier, Engländer und Franzosen

nähert sich die I. Armee in ihrem Siegeslaufe heute bereits
dem Herzen Frankreichs. Ich beglückwünsche die Armee zu
ihren glänzenden Erfolgen und spreche ihr Meinen kaiser-
lichen Dank und Meine Anerkennung aus."

Im Hauptquartier der I. Armee war die Beurteilung
der Lage folgende: der linke Flügel der französischen Hauptkräfte ist vor der erfolgreichen II. und III. Armee im Zurückgehen in südlicher und südwestlicher Richtung. Es erscheint
von entscheidender Bedeutung, diesen Hauptkräften beim
Rückzuge oder in einer ihrer Stellungen die Flanke abzu-
gewinnen, sie von Paris abzudrängen und umfassend anzugreifen. Demgegenüber ist der Versuch, die englische Armee
von der Küste abzudrängen, von geringerer Wichtigkeit.
Auf Grund dieser Beurteilung war am 28. mittags dem
Oberkommando der II. Armee ein Einschwenken dieser und
der I. Armee gegen die Oise vorgeschlagen, und zwar mit
der I. Armee auf Compiègne—Noyon, mit der II. Armee
und deren rechtem Flügel auf Quierzy und Chauny. Am
Abend trafen jedoch von der Obersten Heeresleitung „Allgemeine Anweisungen für den Fortgang der Operationen"
ein. Diese rechneten ebenfalls mit erneutem Widerstand der
französisch-englischen Kräfte an der Aisne, mit vorgeschobe-
nem linken Flügel in Höhe St. Quentin—La Fère—Laon,
später an der Marne und mit linkem Flügel an Paris angelehnt; sie hielten aber auch ein Zusammenziehen neuer
Kräfte an der unteren Seine für möglich. Baldiger Vormarsch der deutschen Armeen auf Paris soll die französische
Armee nicht zur Ruhe kommen lassen und Neubildungen
verhindern.

„Die I. Armee mit unterstelltem höheren Kavalleriekommandeur II marschiert westlich der Oise gegen die untere
Seine.

„Sie muß bereit sein, in Kämpfe der II. Armee einzu=
greifen.

„Ihr fällt außerdem der Flankenschutz des Heeres zu;
Neubildungen des Gegners hat sie in ihrem Operationsgebiet
zu verhindern. Die II. Armee mit unterstelltem höheren Ka=
valleriekommandeur I geht über die Linie La Fère—Laon
auf Paris vor. Ihr fällt die Einschließung und Wegnahme
von Maubeuge und später von La Fère, sowie im Einver=
nehmen mit der III. Armee die von Laon zu. Alle Armeen
haben in gegenseitigem Einvernehmen zu handeln und sich
im Kampfe an den einzelnen Abschnitten zu unterstützen.
Starker Widerstand, der an der Aisne und später an der
Marne geleistet wird, kann ein Eindrehen der Armeen aus
südwestlicher in südliche Richtung erforderlich machen."

Diesen Weisungen entsprach die Fortsetzung des Vor=
marsches der I. Armee in südwestlicher Richtung. Sie
schlossen ein Einschwenken nach Süden, wie es das Armee=
Oberkommando beabsichtigt hatte, nicht aus, wenn es nach
der Gesamtlage erforderlich erscheinen sollte. Eine Mit=
teilung über die Gesamtlage des Westheeres in Frankreich,
wie sie im Interesse der Führung der Flügelarmee erwünscht
war, wurde nicht gegeben oder verbot sich. Hierhin gehörte
die angebliche Schwächung des Westheeres durch Heraus=
ziehen von zwei Armeekorps der Nachbararmeen für den
Osten. Nach diesseitiger Auffassung waren notwendige Ab=
gaben dem drehenden Flügel des Westheeres vor der
Festungsfront in Lothringen zu entnehmen oder vorab zu
unterlassen. Denn die Lage im Westen ging erst der Reife
entgegen. Diese zu steigern, wäre die Ausschaltung mehrerer
Divisionen tunlichst mit schweren Batterien aus dem linken
Heeresflügel wünschenswert gewesen, um die Aufgaben einer
Staffel hinter dem rechten Heeresflügel zu übernehmen.

6*

Starke Entscheidungen mußten zunächst in Frankreich fallen, um anschließend für Ost= und Westpreußen ausgiebig Vorsorge zu treffen. Die aus politischen Gründen um drei Tage hinausgeschobene Mobilmachung des Heeres war nur durch Schnelligkeit der Bewegungen in Verbindung mit Kräftehäufung an entscheidender Stelle auszugleichen.

Die oben angeführten Anweisungen ließen eine weniger zugreifende Führung der I. Armee nicht zu und hiermit keine ausgiebige Ruhe für die hingebungsvollen Truppen. Die Kaiserliche Anerkennung spornte alle Teilnehmer des Feld= zuges an, zwei folgende Märsche gingen über ein mittleres Maß nicht hinaus, eine wachsame Gesundheitspflege oben und unten griff vorsorgend ein, und die Marschfähigkeit der Truppen erhielt sich dauernd auf großer Höhe, gestützt durch die segensreiche Einrichtung der Küchenwagen mit ihrer oft reichlichen Verpflegung während ausgiebiger Marschunter= brechungen und anschließender Ruhe. Das Wort des Ge= neralfeldmarschalls Graf Haeseler bewährte sich, „daß Mann und Pferd im Kriege Erstaunliches zu leisten befähigt seien".

Die Kriegsgeschichte bestätigt dies. Wie aus den bis= her zugänglichen französischen Quellen hervorgeht, war die Stimmung des unter harten Kämpfen bei Tag und Nacht weichenden Gegners gedrückt.

Rückblick. Mit der Besitznahme des Somme=Abschnit= tes fanden die Kämpfe mit der englischen Armee einen vor= läufigen Abschluß. Trotz der Leistungsfähigkeit der Trup= pen der I. Armee hatten sich die Engländer der wiederholt angestrebten Umfassung entzogen. Sie gingen mit ihren Hauptkräften nach Süden zurück. Die Armee d'Amade wurde in der Versammlung überrascht, ein namhafter Teil zersprengt.

Wie bei den Kämpfen gegen die belgische Armee waren

den Armeen French und d'Amade gegenüber Schnelligkeit des Vormarsches und sofortiger Angriff entscheidend gewesen. Dadurch war ein Zusammenwirken der Belgier, Engländer und Franzosen verhindert, Teile von großer Stärke im Aufmarsch gefaßt und über den Haufen geworfen worden. Aus dem Bericht des Generals French ist die Bedrängnis seiner Armee und die Besorgnis seiner Verbündeten zu ersehen. Diese so kampftüchtige und tapfere englische Armee verlegte ihre Verbindungen vom Kanal nach St. Nazaire an der bretagnischen Küste. — Calais konnte durch Loslösung anderweitiger Kräfte des Westheeres glücklichenfalls in deutschen Besitz kommen.

3. Einschwenken gegen die feindlichen Hauptkräfte.

Paris. Marneübergang.

Im Besitz des Sommebogens, wird die I. Armee am 29. August in Richtung Villers=Bretonneux—Nesle gegen die Avre, einen Zufluß der Somme, vorgeführt. Jetzt erweitern sich die Kämpfe gegen die Armee d'Amade. Das IV. Reservekorps — nunmehr in gefährdeter Lage — deckt bei Combles die rechte Flanke gegen Arras—Amiens, und das II. Armeekorps ist in sehr schwere Kämpfe bei Proyart verwickelt. Das IV. Armeekorps und das Kavalleriekorps bestehen minder heftige Gefechte bei Rosières—Méharicourt gegen starke Teile des 7. französischen Armeekorps und Alpenjäger. Der Gegner wird auf der ganzen Front geworfen und vom II. Armeekorps schon in der Nacht zum 30. August bis Villers=Bretonneux verfolgt. Das IV. Reservekorps stellt starke Biwaks bei Albert fest; es will die dortige Stellung

am Ancre=Bach angreifen, findet sie aber vom Feinde ge=
räumt.

Weitere feindliche Ausladungen werden bei Amiens,
Moreuil und südlich gemeldet, Roye und Noyon besetzt ge=
funden. Die französische Heeresleitung wirft anscheinend
die irgend verfügbaren, auch aus der Front gezogene Kräfte
der I. Armee entgegen. Im Laufe der nächsten Tage können
festgestellt werden: 7. Armeekorps, Alpenjäger, 61. und
62. Reserve=Division, 81., 82., 84., 88. Territorial=Division,
3. und 5. Kavallerie=Division. Es gilt daher, den Feind zu
schlagen, bevor er Zeit findet, seine Massen zu vereinigen.

Zu diesem Zweck soll der Angriff am 30. August fort=
gesetzt und eine beiderseitige Umfassung erzielt werden, und
zwar seitens des IV. Reservekorps durch Vorgehen auf
Amiens, während das IX. Armeekorps südlich Roye aus=
holte, unterstützt durch die Heereskavallerie Marwitz.

Die Mitwirkung dieser Truppe war um so notwendiger,
als das IX. Korps durch zeitweise Abgabe der hinteren 17. In=
fanterie=Division an die II. Armee für die Lösung der ihm
befohlenen Sonderaufgabe erheblich geschwächt war; denn die
Armee v. Bülow hatte am 29. abends mitgeteilt, daß sie in
Linie Effigny le Grand—Mont d'Origny an der Oise—Haution
in schwerem Kampfe mit überlegenem Gegner stehe. An=
gesichts ihrer vielgestaltigen Aufgaben, ihrer bisherigen Ab=
gaben, wie des III. Reservekorps gegen Antwerpen, der
43. Reserve=Infanterie=Brigade v. Lepel in Brüssel, Verstär=
kungen der Etappe, angesichts weitgedehnter Verbindungen
wurde dem Oberbefehlshaber der I. Armee die erbetene Ab=
gabe schwer; sie konnte aber nach Lage der Dinge nicht ver=
sagt werden.

Die abgegebene Division hat dann mit ihrer Artillerie
in der Schlacht der II. Armee bei St. Quentin mitgewirkt,

während ihre Infanterie als Reserve des rechten Flügels der Armee v. Bülow Verwendung fand. Die schwere Artillerie mit dem Generalkommando des IX. Armeekorps verblieb bei dessen vorderer Division, der 18., gegen Roye.

Schon am Vormittag des 30. ließ sich erkennen, daß die Armee d'Amade diesseits der Avre nicht standhielt; auch die bei Amiens stehenden Kräfte, schätzungsweise ein Armee=korps, gingen dem IV. Reservekorps gegenüber zurück. Die Mitteilungen der II. Armee deuteten darauf hin, daß ihr Gegner den Hauptstoß gegen ihren rechten Flügel auf St. Quentin führe. Daher wurde im Oberkommando der I. Armee mit der Notwendigkeit gerechnet, diese aus der bis=her südwestlichen in südliche oder sogar südöstliche Richtung einzudrehen, dies nur, wenn die Lage der II. Armee eine un=mittelbare Unterstützung erfordern sollte. Durch Armee=befehl vom 30. August, 9 Uhr 30 vormittags, wurde die in diesem Fall erforderliche Linksschiebung der I. Armee derart vorbereitet, daß das IV. Reservekorps und II. Armeekorps in Richtung Amiens—Moreuil, das IV., III., halbe IX. Ar=meekorps zur Rechten in Richtung Braches an der Avre oberhalb Moreuil, zur Linken nach Roye und südwestlich geführt wurden, die Armeekorps in sich und im Verhältnis zueinander links gestaffelt.

Um 11 Uhr 30 vormittags gab das Oberkommando weitere Marschrichtungen: dem IX. Armeekorps ohne 17. In=fanterie=Division Guiscard, dem III. Straße Roye—Noyon, dem IV. Roye zur Maß. Das II. Armeekorps sollte den Abmarsch gegen die Avre, das IV. Reservekorps gegen Amiens decken. Aus der gewollten beiderseitigen Umfassung des weichenden Feindes hatte sich eine Schwenkung der Armee nach Süden gestaltet, die bei der sicheren Führung der Armeekorps auf keine Schwierigkeiten stoßen konnte.

Nachmittags 5 Uhr 55 ging ein Funkspruch der II. Armee ein: Feind heute „entscheidend" geschlagen; starke Teile wichen auf La Fère zurück. Auch die Engländer, welche die Oise südwestlich La Fère gesperrt haben, gehen in südlicher, zum Teil südöstlicher Richtung zurück. Der III. und IV. Armee gegenüber ist der Feind ebenfalls im Rückzuge.

Die II. Armee will am 31. August ruhen, aber die Forts von La Fère beschießen. Eine Mitwirkung der I. Armee wird durch Funkspruch um 6 Uhr 30 nachmittags erbeten: „Zur vollen Ausbeutung des Erfolges ist Einschwenken I. Armee mit Drehpunkt Chauny gegen La Fère—Laon dringend erwünscht."

Ersichtlich schätzte das Oberkommando der II. Armee Bedeutung und Widerstandskraft von La Fère, Laon und Reims höher ein, als sie sich erwiesen haben. Jener den Weisungen der Obersten Heeresleitung widersprechende Wunsch konnte nach diesseitiger Auffassung nicht erfüllt werden, zumal versucht werden sollte, dem weichenden Feinde durch tatkräftige seitliche Verfolgung in südlicher und südöstlicher Richtung in die Flanke zu kommen. Der Obersten Heeresleitung wird deshalb am Abend des 30. gemeldet: „I. Armee ist in Richtung auf Oise abgeschwenkt und geht am 31. über Compiègne—Noyon vor, um Erfolg der II. Armee auszunutzen." Am Morgen des 31. trifft der Funkspruch ein: „Die von der I. Armee eingeleiteten Bewegungen entsprechen den Absichten der Obersten Heeresleitung."

Über Marsch- und Gefechtskraft der Armee.

Der weitere Verlauf des ausgreifenden Feldzuges stellte auch im Rücken der Truppen höchste Anforderungen an die Leistungsfähigkeit der Trains und Kolonnen, der Lebensadern des Heeres.

Deren Kräfte zu erhalten, war die dauernde Sorge aller Führer. Der Zustand der Zugtiere blieb auf befriedigender Höhe, weil reiche Haferfelder neben Zufuhren den rührigen Intendanturen zu Gebote standen. Offiziere und Unteroffiziere bemühten sich trotz vielfach mangelnder Kenntnisse, die Reibungen in dem schwerwiegenden Dienst zu vermindern. Zur Formierung des Trainwesens hatten bei Beginn des Krieges genügend starke Stämme gefehlt; daher konnte es nicht verwundern, wenn jetzt vielfach unliebsame Erscheinungen zutage traten. Eine vor Jahren von der Heeresleitung angestrebte durchgreifende Verstärkung der Traintruppen war leider nicht zur Durchführung gekommen; demgemäß unterblieb die Steigerung der inneren Kräfte dieser erst mit dem Glockenschlag der Mobilmachung zu gewaltigem Umfange anwachsenden Kriegsformation. Scharfe Überwachung und eingreifende Befehle waren erforderlich, um die Organisationsmängel zu mindern. Nach und nach wachsende, von Einsicht getragene Erfahrungen führten zu der Erkenntnis, daß die stetige Schlagfertigkeit der Armee und die Erhaltung ihrer Kraft nicht zum wenigsten auf der zuverlässigen Tüchtigkeit ihrer Trains und Kolonnen beruhten. So sind diese im Laufe mühsamer und schwieriger Bewegungen gewaltigen Forderungen gerecht geworden. Der Typ, die Grundgestalt, auch die Schwere mancher Fahrzeuge, sowohl der mit Zugtieren bewegten wie der Kraftwagen, und deren Bewegungsmöglichkeit werden jedoch einer Nachprüfung zu unterziehen sein.

Der 31. August.

Entsprechend dem am 30. abends gefaßten und der Obersten Heeresleitung gemeldeten Entschluß war es nicht zu umgehen, den Truppen trotz der außerordentlichen Anstrengungen der letzten Wochen noch weitere Marschziele zu setzen als in den Tagen vorher: das IV. Reservekorps sollte Ailly mit den Anfängen erreichen, II. Armeekorps Maignelay und Tricot, IV. das waldige Gelände östlich St. Maur und Mareuil, III. Bailly sowie Cuts, IX. auf Coucy le Château vordringen, die 17. Infanterie-Division über Chauny herangezogen werden.

Im Laufe des Tages war erkennbar, daß der Feind über Verberie—Vic—Soissons zurückging, der westliche französische Flügel anscheinend über Soissons. Daraufhin wurde den Armeekorps anheimgegeben, den Vormarsch fortzusetzen, so daß das III. seine Spitzen sogar bis zur unteren Aisne bei Attichy—Vic vorführte. Ein Aufenthalt des Oberkommandos in Lassigny gab dem Oberbefehlshaber Gelegenheit, sich von der trefflichen Marschzucht der 5. Division zu überzeugen.

Das IX. Armeekorps besetzte mit Vortruppen Vezaponin; die Kavallerie Marwitz brach aus der Gegend nördlich Roye sur Matz auf, überschritt die Oise bei Thourotte, durchquerte den Wald de Laigue und traf mit der rechten Kolonne des III. Armeekorps, der 5. Division, in der Gegend Attichy nördlich der Aisne zusammen. Das Kavalleriekorps I der II. Armee war am 30. August in der Gegend von Noyon eingetroffen und wurde ersucht, am 31. über Ribécourt an der Oise auf Soissons vorzugehen.

So stand die I. Armee am Abend in zwei großen Staffeln gegliedert; die vordere linke mit den Korps Marwitz, Lochow, Quast an der unteren Aisne, die hintere rechte, die Korps Gronau, Linsingen, Sixt v. Armin, im Bogen von Ailly am Sellebach über Maignelay nach Moreuil—Lamotte in den Waldungen westlich Noyon. Das IV. Reservekorps deckte die rechte Flanke, die Kavallerie der Armee

Bülow die linke und die Verbindung beider Armeen. Das Hauptquartier begab sich von Péronne nach Noyon.

Der 1. September brachte engere Berührung mit starken feindlichen Nachhuten. Der Armeebefehl vom Abend vorher hatte angegeben, daß der westliche Flügel der französischen Armee am 31. von La Fère durch Soissons zurück= gegangen sei.

Von der Oise=Linie Noyon—Verberie sei der Gegner, anscheinend die englische Armee, im Rückzuge über die Linie Senlis—Crépy en Valois—Villers=Cotterets, schwächerer Feind dem II. Armeekorps gegenüber in Richtung Clermont. Um die Engländer doch noch im Weichen anzufallen, wird die Armee am 1. September in südlicher Richtung vor= geführt, und zwar:

das IV. Reservekorps in die Gegend nördlich St. Just en Chaussée; es deckt wie bisher die rechte Armeeflanke die Bewegungen der Kolonnen und Trains;

das II. Armeekorps über Estrées St. Denis und über Remy, mit Vortruppen über die Oise bei Verberie und Le Meur. Aufklärungen in rechter Flanke bis Clermont—Creil—Senlis;

das IV. über Compiègne—Gilocourt und über Thourotte— Pierrefonds auf die Südseite des Waldes von Com= piègne;

III. Armeekorps marschiert über Attichy—Taillefontaine und Vic—Vivières;

das IX. über Ambleny—Longpont, während seine 17. In= fanterie=Division über Chauny heranzuziehen ist, nachdem sie am 31. August St. Simon am Einfluß des Crozatkanals in die Somme erreicht hat.

IV., III., IX. Armeekorps sollen am 1. September, 8 Uhr vormittags, mit den Anfängen die Aisne bzw. Oise

überschreiten. Die Heereskavallerie Marwitz wird über
Villers=Cotterets gegen den französischen Flügel angesetzt,
die der II. Armee gebeten, zwischen dem Waldkomplex
Villers=Cotterets und Soissons vorzugehen.

Aus diesen Bewegungen entwickelten sich heftige Kämpfe
des II. Armeekorps, unterstützt von dem aus der Gegend von
Attichy nach Westen ausholenden Kavalleriekorps, bei Verberie
und St. Sauveur um den Besitz der wichtigen Oise=Übergänge.

Das IV. focht bei Gilocourt, spät nachmittags, das III.
bei Villers=Cotterets. Infolge der Kämpfe bei Verberie er=
reichte das Korps Marwitz sein Marschziel Nanteuil le
Haudouin nicht; seine 4. Division wurde nach geglücktem
Überfall auf feindliche Biwaks bei Néry durch überlegene
Kräfte in der Gegend Rosières, nördlich Nanteuil le
Haudouin, unter starken Verlusten schwer bedrängt.

Die nun vor der Front der Armee festgestellten Eng=
länder waren aus der Gegend Compiègne—Noyon in Rich=
tung Senlis—Crépy en Valois—La Ferté Milon zurück=
gegangen, der westliche französische Flügel, wie vermutet,
über Soissons in südlicher Richtung ausgewichen. Nach
diesen Ereignissen standen am Abend des 1. September:

IV. Reservekorps um Quimquempoix,
II. Armeekorps südlich Verberie bis St. Sauveur,
IV. Armeekorps um Crépy en Valois,
III. Armeekorps Vauciennes—Villers=Cotterets,
IX. Armeekorps Longpont, mit seiner 17. Infanterie=
    Division in Champs.

Das IV. Reservekorps hatte bei seinem Zuge über
Amiens gewaltige Verpflegungsvorräte erbeutet; in Noyon
wurden große Mengen von Hafer, Stroh, Heu vorgefunden.
La Fère ist inzwischen vom Feinde geräumt, und die
II. Armee geht nach Ablauf des Ruhetages am 1. September
mit ihrem rechten Flügel bis Brancourt, mit ihrer Kavallerie

bis nördlich Soissons. Am 2. September will sie die Ver=
folgung in südlicher Richtung fortsetzen, da auch der III. Ar=
mee gegenüber der Feind gewichen ist.

Aus einem aufgefangenen Briefe konnte am Abend des
1. September festgestellt werden, daß die englische Armee mit
ihrer 1., 2., 3., 5. Division, dem 2. Korps, der 3. und 5. Ka=
vallerie=Brigade die Absicht gehabt hat, am 1. September
mittags südlich der Linie Verberie—Crépy en Valois—La
Ferté Milon zur Ruhe überzugehen. Es schien also doch
noch möglich, den Feind zu erreichen. Die dauernd erstrebte
Einschaltung von Ruhetagen mußte wiederum zurücktreten,
um die Armee für den 2. September zum umfassenden An=
griff ansetzen zu können. Armeebefehl Noyon den 1. Sep=
tember 1919, 10 Uhr 15 abends:

„1. Der Gegner hat heute bei Verberie—Crépy en Va=
lois, bei Villers=Cotterets Widerstand geleistet. Anscheinend
südlich davon, in den Waldungen von Crépy und La Ferté
Milon sowie südlich Verberie heute die englische Armee,
drei Armeekorps außer Kavallerie.

„2. Das Kavalleriekorps I ist in die Gegend östlich
Soissons vorgegangen. Der rechte Flügel der II. Armee
wird voraussichtlich morgen nicht über Soissons in südlicher
Richtung vorgehen.

„3. Die Armee greift morgen die Engländer an:

„II. Armeekorps westlich der Bahn Orrouy—Nanteuil;
Aufklärung östlich der Straße Creil—Paris gegen die Ost=
front von Paris;

„IV. und III. Armeekorps zwischen dieser Bahn und Ost=
rand der Waldungen von Villers=Cotterets und Ourcq=Fluß
Trennungslinie Vaumoise—Betz—Puisieux. Die Linie Ver=
berie—Villers=Cotterets ist um 8 Uhr vormittags zu über=
schreiten;

„IX. Armeekorps bricht um 3 Uhr auf und geht östlich des III. und der genannten Waldungen vor, um den Feind anzufassen; die 17. Infanterie=Division ist links gestaffelt vorzuführen.

„Deckung und Aufklärung in der linken Flanke. Verbindung mit Kavalleriekorps I;

„das IV. Reservekorps bricht um 1 Uhr morgens auf und erreicht frühzeitig Creil. Aufklärung im Zuge und westlich der Straße Creil—Paris gegen die Nordfront von Paris.

„Das Kavalleriekorps geht zwischen II. und IV. Armeekorps im Einvernehmen mit dem linken Flügel des II. Armeekorps den Angriff unterstützend vor. Durch starke Aufklärung sichert es gegen die Nord= und Nordostfront von Paris, sobald dies möglich. Armee=Hauptquartier morgen 11 Uhr vormittags von Noyon nach Compiègne."

Auch diese Anordnungen waren vergeblich; denn die englische Armee entzog sich einer Umfassung rechtzeitig und ging über die Marne in Linie Meaux—La Ferté sous Jouarre und weiterhin auf Coulommiers zurück. Nur das II. Armeekorps stieß bei Agnon—Montépilloy östlich Senlis auf eine französische Infanterie= und eine englische Kavallerie=Division. Der Feind leistete kräftigen Widerstand, wurde aber unter Mitwirkung des über Borest eingreifenden Kavalleriekorps geschlagen und bis Pontarmé—Montaby verfolgt.

Mit der Möglichkeit eines entscheidenden Schlages gegen die Engländer konnte nicht mehr gerechnet werden. Es wurde daher beschlossen, die beiden Armeekorps des linken Flügels, das III. und IX., in der allgemeinen Richtung Château Thierry gegen die Flanke der von Braisne—Fismes auf Château Thierry—Dormans vor der II. Armee zurückgehenden Franzosen anzusetzen. Es lag im Bereich

der Wahrscheinlichkeit, im Verein mit der Armee Bülow dem
Westflügel der Franzosen empfindliche Schläge zu versetzen.
Die tiefgegliederte I. Armee war durchaus imstande, sowohl
Flanke und Rücken dieses Stoßes zu decken, als auch die
Besatzung von Paris und die Engländer im Zaum zu halten.

Außer Meldungen über die Gefechte östlich Senlis
gingen am 2. September noch folgende ein: starke feindliche
Kolonnen gegen 11 Uhr vormittags im Rückmarsch von
Braisne über Fère en Tardenois auf Château Thierry und
östlich. Westlich Fère en Tardenois um 11 Uhr vormittags
größere, noch unverlassene Biwaks. Südwestlich Beauvais
in Richtung Gisors abziehender Feind festgestellt. Östlich
Beauvais Kavallerie im Vormarsch auf Clermont.

Gegend westlich und nördlich Beauvais vom Feinde frei.

Durch Armeebefehle 1 Uhr 15 und 2 Uhr nachmittags ab
Compiègne wurden die Korps auf dem laufenden erhalten.
Der letzte Befehl besagte, daß die II. Armee heute die Aisne
mit dem rechten Flügel über Soissons überschreite, das
IX. Armeekorps auf Château Thierry abbiege, um den
weichenden Feind in der Flanke zu fassen. Das III. werde
ebenfalls Richtung auf Château Thierry nehmen und tun=
lichst weit vorgehen, zudem Kavallerie mit Artillerie, In=
fanterie auf Wagen und Maschinengewehre zur Unterstützung
des IX. Armeekorps vorausfenden und die Marne bis
Vareddes erkunden. Das IV. gehe heute bis an den The=
rouanebach in Gegend Dissery und Fosse Martin vor, das II.
setze die Angriffe östlich Senlis fort und das IV. Reserve=
korps schneide dem Gegner den Rückzug nach Westen ab.
Korps Marwitz bleibe auf dem rechten Armeeflügel, kläre
gegen Nord= und Nordostfront von Paris auf, gegen die
Marne oberstrom Paris, ferner auf dem rechten Oiseufer in
Richtung Beauvais—Pontoise.

Am Abend des 2. September stellte sich im Hauptquartier Compiègne die Lage folgendermaßen dar und fand ihren Ausdruck im Befehl von 9 Uhr 45:

1. Außer auf Meaux sind auch Kolonnen aus Richtung Nanteuil—Dammartin zurückgegangen. II. Armeekorps hat in Verbindung mit Kavalleriekorps Marwitz den Feind bei Senlis zurückgeworfen. Über den Feind südlich der Marne, Linie Meaux—La Ferté sous Jouarre, liegen weitere Nachrichten nicht vor.

2. Die II. Armee erreicht heute Linie Gegend südlich Soissons—Reims; ihr rechter Flügel wird morgen aus Richtung Soissons auf Château Thierry vorgehen.

3. IX. Armeekorps setzt den Angriff gegen die Flanke der vor der II. Armee über Fère en Tardenois auf Château Thierry weichenden Franzosen fort. III. Armeekorps geht südlich des IX. in Richtung Château Thierry vor. Kavallerie und Artillerie, Maschinengewehre und Infanterie auf Wagen voraus, um den Gegner beim Übergang über die Marne anzugreifen.

4. III. und IX. Armeekorps setzen sich in bezug auf die Durchführung des Angriffs in Verbindung. Wird der Gegner nicht erreicht, so räumen die beiden Korps demnächst die Marschstraße des rechten Flügels der II. Armee, Soissons—Château Thierry (VII. Armeekorps), nach Westen. III. Armeekorps klärt, außer in der Marschrichtung, auf La Ferté sous Jouarre—Château Thierry auf und erkundet die Übergänge.

5. IV. Armeekorps rückt morgen unter Deckung der rechten Flanke gegen Paris—Meaux in die Gegend von Crouy südlich der Straße Betz—Mareuil—Brumetz; Sicherung und Aufklärung auf Meaux—La Ferté sous Jouarre. Korps-Hauptquartier Crouy.

6. II. Armeekorps vertreibt den Feind aus den Waldungen südlich Senlis und marschiert in die Gegend von Nanteuil und östlich der Straße Crépy en Valois—Nanteuil. Korps=Hauptquartier Nanteuil. Aufklärung und Sicherung gegen Dammartin—Meaux.

7. IV. Reservekorps unterstützt nach Vereinbarung mit dem II. Armeekorps dieses bei Vertreibung des Feindes aus den Waldungen südlich Senlis und rückt in die Gegend östlich und nordöstlich Senlis, westlich der Quartiere des Kavalleriekorps. Es sichert sich durch ein Detachement bei Creil sowie durch Postierungen am Südrand der Waldungen südlich Chantilly und Senlis. Korps=Hauptquartier Rully. Aufklärung in der rechten Flanke über die Oise und gegen Nordfront von Paris.

8. Kavalleriekorps Marwitz hat Unterkunft bezogen westlich der Straße Crépy en Valois—Nanteuil und verbleibt dort morgen.

9. Luftaufklärung des III., IV., II. Armeekorps über die Marne in den ihnen zugewiesenen Richtungen. — Die Behelfsbrücken für schwere Lastkraftwagen bei Noyon und Compiègne sind fertig. — Pionier=Regiment 18 folgt dem III. Armeekorps. — Armee=Hauptquartier morgen 10 Uhr vormittags nach La Ferté Milon. — Besondere Anordnungen regeln die rückwärtigen Verbindungen und Bewegungen der Kolonnen und Trains.

Absichten der Obersten Heeresleitung, die Franzosen nach dem Südosten von Paris abzudrängen.

Der 3. September.

In der Nacht vom 2. zum 3. ging ein Funkspruch der Obersten Heeresleitung ein: „Absicht ist, Franzosen in südöstlicher Richtung von Paris abzudrängen. I. Armee folgt

gestaffelt der II. Armee und übernimmt weiterhin den
Flankenschutz des Heeres." Die allgemeinen Anweisungen
vom 28. August, die der I. Armee ihre Bewegungen westlich
der Oise gegen die untere Seine vorschrieben, hatte man
also fallen lassen. Das Abschwenken der I. Armee auf die
Oise und deren Überschreiten im Abschnitt Compiègne—
Noyon am 31. August behufs Ausbeutung der Erfolge der
II. Armee hatte an der obersten leitenden Stelle Billigung
gefunden. Noch stand die I. Armee beim Abschluß ihrer Be=
wegungen am 2. September abends mit vier Armeekorps
und dem Kavalleriekorps im Raume Creil—La Ferté Milon
nordöstlich von Paris zu jeder Aufgabe westlich der Lager=
festung, gegen diese oder östlich von ihr bereit, während das
IX. Armeekorps verdienstvollerweise und auftragsgemäß
als linker ausgestreckter Arm der Armee die Westflanke der
weichenden Franzosen bei Château Thierry zu fassen sich
bemühte.

Ein Abdrängen des Feindes von Paris in südöstlicher
Richtung mit Überschreiten der Marne und Seine hielt der
Oberbefehlshaber für ein schwieriges und gewagtes Unter=
nehmen. Anfangserfolge würden voraussichtlich nicht fehlen,
eine Durchführung der Offensive bis zur ausschlaggebenden
Schädigung oder teilweisen Vernichtung des Feindes aber
zur Zeit kaum erreichbar sein. Den Armeen des rechten
deutschen Heeresflügels fehlte eine Staffel von vier oder fünf
Divisionen, um bei Fortführung der Bewegungen in die
Mitte Frankreichs die rechte Flanke gegen Paris und die ge=
waltigen Verbindungen der I. und II. Armee wirksam zu
decken. Bei der Obersten Heeresleitung herrschte indessen
die bestimmte Auffassung und Erkenntnis vor, daß die Be=
satzung von Paris für Operationen außerhalb des Fort=
gürtels nicht in Betracht komme. Dem war auch nach den

bisherigen Nachrichten offenbar zuzustimmen. Aber gefähr-
lich konnte und mußte die Lage der Flügelarmeen sich gestalten, sobald die französische Oberste Heeresleitung imstande
war, anderweitig entbehrliche Massen über Paris mit seinen
Entwicklungsmöglichkeiten aus einer weitausgedehnten Fortlinie für eine größere Offensive anzusetzen. Die deutsche
Oberste Heeresleitung hatte jedoch keine Besorgnisse in an-
gedeuteter Richtung und war offenbar durch ihr Nachrichten-
wesen in dieser Richtung ihrer Sache sicher. Auch im Stabe
des Oberkommandos fand diese Ansicht von der Gesamtlage
ihre Vertretung. Um so mehr drängte der Oberbefehlshaber
von neuem auf endliche Überführung der vom Generalgou-
vernement in Brüssel zurückgehaltenen Brigade des IV. Reservekorps, Heranziehung aller aktiven Kommandos aus
dem Etappengebiet und Ersatz durch Landwehr und Landsturm. Die weitere Auffassung von den Aufgaben der
I. Armee verdichtete sich jedoch in diesen wichtigen Tagen zu
einer am 4. September an die Oberste Heeresleitung ge-
richteten, weiter unten angeführten Vorstellung des Oberkommandos.

Für den heutigen Operationstag, den 3. September,
waren das IX. und III. Armeekorps entsprechend dem ersten
Satze des obigen Funkspruchbefehls in Bewegung gesetzt.
Das IX. hatte abends vorher nach heftigem Kampfe bei
Chézy und Château Thierry die Marne überschritten, wäh-
rend seine 17. Infanterie-Division Oulchy la Ville erreichte.
Indessen standen die Vortruppen der Armee in der Linie
Pontarmé—Montaby—Lagny le Sec—Fosse Martin—Rou-
vres westlich Mareuil—La Villeneuve sous Thury—La Ferté
Milon—Troesnes.

Die II. Armee hatte die Aisne mit dem rechten Flügel
durch Soissons überschritten, befand sich mithin einen starken

Marsch rückwärts der Massen der I. Armee. Die III. an=
scheinend links rückwärts der II. Bringt man diese Lage in
Verbindung mit dem zweiten Satz des Funkspruchbefehls, so
ergibt sich die Folgerung: staffelt sich die I. Armee hinter die
II., der sie um einen Tagesmarsch voraus ist, so wird ein
Abdrängen des Feindes in südöstlicher Richtung unmöglich,
welches durch die Besitznahme der Marneübergänge von
Château Thierry und unterhalb seitens der 18. Infanterie=
Division vom IX. Armeekorps gestern abend eingeleitet ist.
Die I. Armee hat den Hauptantrieb zum Abdrängen des
Feindes zu geben, sie ist ihm allein an der Klinge und kann
den Druck auf die Richtung seines Rückzuges ausüben; bleibt
sie hingegen zwei Tage stehen, um sich hinter die II. Armee
zu staffeln, so erhält die feindliche Heeresleitung die volle
Freiheit des Handelns, die ihr bisher genommen war. Der
große Erfolg, den die Oberste Heeresleitung mit ihrem „Ab=
drängen des Feindes in südöstlicher Richtung“ anstrebt und
für möglich hält, ist nicht mehr zu erreichen, wenn die
I. Armee vorab stehen bleibt. Es entspricht daher wohl dem
Sinne der oft erwähnten Weisung, wenn die I. Armee ihre
Verfolgungsbewegungen in der bisherigen Richtung zunächst
über die Marne fortsetzt. Der Schutz der Heeresflanke gegen=
über Paris scheint gesichert, wenn das IV. Reservekorps mit
einer Kavallerie=Division nebst der erwarteten Brüsseler Bri=
gade und das II. Armeekorps gegen die Lagerfestung ge=
staffelt stehen bleiben und für gründliche Kavallerie= und
Fliegeraufklärung gesorgt wird. Das IV. Reservekorps wird
östlich Senlis, das II. und das Kavalleriekorps bei Nanteuil
le Haudouin bereitgestellt. Armee=Hauptquartier La Ferté
Milon, hinter der Mitte der demnächst in zwei großen
Staffeln zu je drei Korps gegliederten Armee.
    Die letzte Anweisung der Obersten Heeresleitung, die in

ihrer Gesamtheit noch einer Erwähnung bedarf, führte in
jenen Tagen ferner zu folgenden Erwägungen, die im Bericht
vom Frühjahr 1915 enthalten sind: das Oberkommando
der I. Armee war seither — in La Ferté Milon — von
der Ansicht ausgegangen, daß der deutsche Operationsplan
bislang planmäßig durchgeführt sei, daß sämtliche Armeen
sich im siegreichen Vorgehen befänden und der Feind überall
entscheidend geschlagen sei. Daß dies nicht der Fall, beson=
ders daß der linke deutsche Flügel nach Südwesten vor die
Front der französischen Festungen abgezogen sei, war beim
Oberkommando nicht bekannt, wie denn dieses über die Ge=
samtlage des Heeres nur mangelhaft unterrichtet wurde. Die
Fernsprechverbindung nach rückwärts konnte bei dem
schnellen Vormarsch häufig nicht rechtzeitig fertiggestellt
werden und wurde oft durch Landeseinwohner, Feuers=
brünste, versehentlich auch durch eigene Truppen oder ander=
weitig zerstört. Der Verkehr mit der Obersten Heeresleitung
mußte in der Hauptsache durch Funkenstationen erfolgen,
die wiederum durch Aufrechterhaltung des Verkehrs mit der
Heereskavallerie und der Nachbararmee überlastet waren,
wovon sich der Oberbefehlshaber häufig persönlich überzeugte.
Infolgedessen fehlte es an dem dringend notwendigen per=
sönlichen Gedankenaustausch zwischen Oberkommando und
Generalstab der Obersten Heeresleitung. Beim Armee=
Oberkommando I bestand jedoch kein Zweifel, daß der Schutz
der Heeresflanke bei weiterem Vormarsch erhöhte Bedeutung
gewann und daß die Kräfte der I. Armee, welche im Zwang
der Verhältnisse Angriff und Flankenschutz gleichzeitig über=
nahm, dazu auf die Dauer nicht ausreichten. Die Verstär=
kung des rechten Flügels um eine Staffel von etwa zwei
Armeekorps schien daher unbedingt erforderlich.

Solchen Erwägungen wurde dann am 4. September

morgens in einem an die Oberste Heeresleitung abgesandten
Funkspruch folgendermaßen Ausdruck gegeben:

„Die I. Armee bittet um Benachrichtigung über die Lage
der anderen Armeen, deren Mitteilungen über entscheidende
Siege bisher mehrfach Bitten um Unterstützung folgten.
I. Armee ist unter fortdauernden schweren Kämpfen und
Marschforderungen an Grenze der Leistungsfähigkeit ange=
langt. Nur so ist es gelungen, den anderen Armeen den
Marne=Übergang zu öffnen, Feind zu weiterem Rückzuge zu
zwingen. IX. Armeekorps hat sich hierbei durch kühnes Zu=
fassen großes Verdienst erworben. Jetzt Hoffnung auf Aus=
beutung des Erfolges.

„Anweisung der Obersten Heeresleitung 2220, I. Armee
solle der II. gestaffelt folgen, war in dieser Lage nicht zu be=
folgen. Beabsichtigtes Abdrängen des Feindes von Paris
in südöstlicher Richtung wird nur durch Vorgehen der
I. Armee durchführbar sein. Notwendiger Flankenschutz
schwächt Offensivkraft. Baldige Verstärkung dringend er=
wünscht. Weitere schwere Entschlüsse I. Armee bei stets
wechselnder Lage nur möglich, wenn dauernd über Stand
bei anderen Armeen, die anscheinend weiter zurück, unter=
richtet. Verbindung mit II. Armee ständig vorhanden.“

Am Abend des 3. September erging von La Ferté
Milon folgende Anweisung an die Armeekorps:

„Das IX. Armeekorps ist mit der vorderen Division auf
den Höhen südöstlich Château Thierry ins Gefecht getreten
mit dem von Chézy auf Montmirail zurückgehenden Feind.
Der Gegner hat abends seine Stellung über Courboin—Vif=
fort auf Vieil Maison verlängert. Nach allen Anzeichen ist
unter den abmarschierenden Kolonnen starke Unordnung ein=
getreten. Der von Meaux auf Coulommiers heute in Marsch
gemeldete Gegner, anscheinend Engländer, lagert heute

abend nördlich Coulommiers. Der Raum zwischen Coulommiers und etwa Vieil Maison ist nachmittags von Fliegern frei gefunden. Nördlich La Ferté sous Jouarre ist heute Nachmittag englische Kavallerie festgestellt. Die II. Armee erreicht die Marne, rechter Flügel dicht östlich Château Thierry. Dieser geht morgen von Brasles über Coufremaux—Corrobert vor, das I. Kavalleriekorps von Château Thierry auf Montmirail.

„Die I. Armee setzt morgen den Vormarsch über die Marne fort, um die Franzosen nach Osten abzudrängen. Die etwa entgegentretenden Engländer sind zurückzuwerfen. Es gehen vor: IX. Armeekorps nach Vereinbarung mit dem VII. über Chézy sur Marne—Rozoy—Belleville und auf der Straße Château Thierry—Montmirail in Richtung auf Montmirail, III. über Bois Martin—Sablonnières auf St. Barthélemy und über Vieil Maison—Montolivet;

„IV. überschreitet bei La Ferté sous Jouarre und Saacy die Marne und geht in der allgemeinen Richtung Rebais vor;

„II. erreicht morgen unter Deckung gegen Paris die Marne westlich La Ferté sous Jouarre und geht mit Vortruppen noch bis an die Chaussee Meaux—La Ferté sous Jouarre vor;

„IV. Reservekorps rückt morgen unter Vereinbarung mit dem II. Armeekorps in die Gegend von Nanteuil le Haudouin und östlich. Es übernimmt die Deckung der Flanke und Verbindungen gegen Paris und hält sich bereit, am 5. 9. sich der Bewegung der Armee auf dem rechten Flügel anzuschließen. Die in Brüssel belassene Brigade wird voraussichtlich am 5. 9. in Compiègne eintreffen;

„Kavalleriekorps setzt sich mit zwei Divisionen in Marsch nach La Ferté sous Jouarre. Bezüglich späteren Überganges

über die Marne tritt es in Verbindung mit dem IV. Armee=
korps, nötigenfalls mit dem III.   Der Durchmarſch durch
den heutigen Unterkunftsbezirk des II. Armeekorps iſt mit
dieſem zu vereinbaren.   Das Kavalleriekorps beläßt eine
Diviſion gegenüber der Nordoſtfront von Paris.   Sie ver=
bleibt morgen in ihrem bisherigen Unterkunftsbezirk und
wird dem Kommandierenden General IV. Reſervekorps
unterſtellt.

„Zerſtörungen der von Norden, Nordweſten und Weſten
auf Paris führenden Bahnen ſind ſchon morgen einzuleiten.
Die Poſtierungen des IV. Reſervekorps bei Creil und am
Südrand des Waldes von Senlis ſind durch Kavallerie ab=
zulöſen.

„Die Marnebrücken bei Saacy bis Château Thierry ſind
erhalten; über die von La Ferté ſous Jouarre und weſtlich
liegen noch keine Nachrichten vor. Das Pionier=Regiment 18
folgt dem III. Armeekorps."

Beſondere Anordnungen betrafen die rückwärtigen Ver=
bindungen und die Vorverlegungen des Etappenhauptortes
nach Chauny vom 5. September ab.

Fünf Korps der Armee machten hiermit im Sinne des
ſchon erwähnten Funkſpruchs der Oberſten Heeresleitung
einen ſtarken Schritt in geſchloſſener Gliederung nach Süd=
oſten, wobei die Flankendeckung dem II. Armeekorps und
dem IV. Reſervekorps mit der 4. Kavallerie=Diviſion und
der am 5. erwarteten Brigade aus Brüſſel zufielen. Es er=
reichten am 4. September:

das IV., III., IX. Armeekorps (die beiden letztgenannten
unter Kämpfen mit ſtarken feindlichen Nachhuten) die Linie
Rebais—Montmirail, halbwegs zwiſchen Le Petit und Le
Grand Morin;

Kavalleriekorps La Ferté ſous Jouarre;

II. Armeekorps Trilport, östlich Meaux, als rechtes Flügel= und Flankenkorps der die Marne überschreitenden Armeemasse.

Fliegernachrichten besagten, daß starke feindliche Kräfte den Rückmarsch aus der Gegend Coulommiers nach Süden fortsetzten, ebenso von Montmirail aus hinter ihren decken= den Nachhuten. Die II. Armee erreichte die Linie Pargny la Dhuis—Epernay, die III. Reims. — Die II. Armee hatte am 3. abends mitgeteilt, „daß der Feind vor ihr auch südlich der Marne in voller Auflösung zurückflute.“

Der nachstehend auszüglich wiedergegebene Armeebefehl vom 4. September, 9 Uhr 30 abends, ab La Ferté Milon, rechnete mit dem Beharren der Obersten Heeresleitung in ihrer Absicht, den Feind von Paris in südöstlicher Rich= tung abzudrängen:

„Das IX. Armeekorps hat am 2. und 3. September durch Vorgehen über Château Thierry den Feind in der Flanke gefaßt und zum Stehen gebracht. Heute warf es den Gegner auf Montmirail. Starke französische Kolonnen heute Abend im Rückmarsch von Montmirail über Esternay. Die II. Armee wird mit dem rechten Flügel von Pargny la Dhuis über Montmirail vorgehen. Reims ist genommen. Die I. Armee setzt morgen den Vormarsch gegen die Seine unter Deckung gegen Paris fort. Soweit die Engländer im Abmarsch erreicht werden können, sind sie anzugreifen. Es gehen vor:

„IX. Armeekorps, nach Zurückwerfen des Gegners bei Montmirail, rechter Flügel über Montenil—Le Vezier— Neuvy bis in Gegend Esternay; Straße Montmirail—Mai= launay—Sézanne gehört der II. Armee;

„III. mit rechtem Flügel über St. Barthélemy—La Chapelle Veronge bis Sancy;

„IV. bis in Gegend Choisy, Deckung und Aufklärung
außer in der Front in Richtung Coulommiers—Rozoy;

„das II. rückt über die Marne bis an den unteren Grand
Morin unterhalb Coulommiers. Es deckt die Flanke der
Armee gegen die Ostfront von Paris;

„IV. Reservekorps rückt morgen aus Gegend Nanteuil
le Haudouin in die von Marcilly—Chambry nördlich Meaux.
Es übernimmt die Deckung nördlich der Marne gegen die
Nordostfront von Paris;

„4. Kavallerie=Division auf dem rechten Flügel bleibt
morgen dem IV. Reservekorps unterstellt. Das Kavallerie=
korps II geht westlich vom IV. Armeekorps und demnächst
in Richtung Provins vor. Seine Aufgabe wird voraussicht=
lich darin bestehen, den französischen Flügel beim Übergang
über die Seine anzufallen. Armeehauptquartier morgen
10 Uhr vormittags nach Rebais.“

Diese Bewegungen vollzogen sich am 5. September ohne
Schwierigkeiten. Drei Armeekorps, das IV., III., IX., mit
dem II. Kavalleriekorps umfaßten den starken Stoßflügel in
der abdrängenden südöstlichen Richtung; zwei Armeekorps,
das II. und IV. Reservekorps mit der 4. Kavallerie=Division
in südlicher Richtung stellten den Deckungsflügel gegen Paris
dar. Das II. Armeekorps war außerdem in der Lage, den
südlich Coulommiers und des unteren Grand Morin ver=
muteten Engländern einen Stoß zu versetzen, sofern diese
standhielten.

Mit dieser Bewegung am 5. September hatte die I. Ar=
mee auf ihrem ununterbrochenen Zuge von der Grenze der
Rheinprovinz bis über den Grand Morin der mittleren
Seine gegenüber den Höhepunkt ihrer Operationen erreicht.
Größte und geringe Märsche wechselten mit gelegentlichen
örtlichen Ruhepausen und wenig unterbrochenen Gefechts=
leistungen in einer Verfassung, welche der moralischen Kraft

und Größe der nachgeordneten Führer und ihrer helden=
haften Mannschaft zu danken blieb. Fraglos war die Armee
zur erfolgreichen weiteren kriegerischen Leistung befähigt,
nicht aber zu einer Steigerung in weitausgreifenden Heeres=
bewegungen. Überblickt man die Märsche und Kämpfe der
Korps und ihrer Kolonnen und Trains, so erkennt man eine
Höhe der Leistungen, wie sie in der Kriegsgeschichte nur selten
erreicht wird. Die Jahreszeit begünstigte den Feldzug, nicht
minder eine ausreichende, meist sogar gute Verpflegung. Der
Gesundheitszustand blieb erfreulich.

Nach Antritt jener Bewegungen des 5. September traf
ein Funkspruch der Obersten Heeresleitung mit neuen Wei=
sungen ein, ab 4. 9., 7 Uhr abends, an La Ferté Milon
5. 9., 7 Uhr 15 morgens:

„I. und II. Armee verbleiben gegenüber der Ostfront
von Paris. I. Armee zwischen Oise und Marne, Marne=
übergänge westlich Château Thierry besetzend; II. Armee
zwischen Marne und Seine, Seineübergänge zwischen
Nogent und Méry einschließlich besetzend. III. Armee hat
Marschrichtung Troyes und östlich."

Ob und inwieweit dieser Entschluß der Obersten Heeres=
leitung mit den Ausführungen des Oberkommandos vom
4. September irgendwie im Zusammenhang stand, war in
La Ferté Milon unbekannt. Erwünschter wäre gewesen,
wenn diese Anweisung einige Tage früher erfolgte. Denn
die der I. Armee befohlene Offensive in südöstlicher Richtung
zum Abdrängen der französischen Armee von Paris konnte
nur dann der Gesamtlage entsprechen und erfolgreich sein,
wenn die Zentral=Nachrichtenstelle ohne Einwand festzu=
stellen vermochte, daß keine nennenswerten feindlichen Kräfte
aus Paris gegen die tiefe Flanke und die Verbindungen des
westlichen Heeresflügels vorzustoßen in der Lage waren. —
Folgende Erwägungen wurden in La Ferté Milon angestellt:

Die I. Armee hat am 3. September mit ihren An=
fängen die Marne überschritten und nähert sich heute der
Seine. Ausführung des Funkspruchbefehls bedingt Ablassen
vom Feinde und Rückmarsch von zwei= bis dreitägiger Dauer.
Das Oberkommando hat vom Zustand des Feindes die Ein=
drücke gewonnen, daß er, obwohl infolge verlustreicher
Kämpfe stark mitgenommen, dennoch in leidlicher Ordnung
zurückgegangen ist. Wenn man von ihm abläßt, wird er
Halt, Bewegungsfreiheit, wohl auch Angriffslust wieder=
erlangen. Mit Rücksicht hierauf erscheint es möglich, ihn bis
über die Seine zu werfen und dann erst die I. und II. Armee
gegen Paris abzudrehen. Bis bei Paris in Versammlung
begriffene feindliche Kräfte genügend stark und schlagbereit
sind, dürfte die Zeit zum Abschluß der Offensive gegen
die Seine genügen. Diese Auffassung gründet sich darauf,
daß — soweit dem Oberkommando bekannt ist — die deut=
schen Armeen allseitig in siegreichem Vorgehen sind, so daß
der Feind erhebliche Kräfte zur Flankenbedrohung nicht
übrig haben kann. Ob das der tatsächlichen Gesamtlage ent=
spricht, läßt sich beim Oberkommando nicht übersehen, wie
am 4. September gemeldet. Deshalb wird der Obersten
Heeresleitung und dem Armee=Oberkommando II dieser
Vorschlag mitgeteilt, die Ausführung der befohlenen Schwen=
kung aber für morgen, den 6. September, vorbereitet. Die
für heute, den 5. September, befohlene Verfolgung wird,
weil sie bereits in der Ausführung begriffen ist, teilweise
unter Kämpfen durchgeführt. Das IV. Reservekorps und das
Kavalleriekorps werden angehalten, dieses an der Straße
Rozoy—Beton Bazoches; ersteres hat bei Eingang des Be=
fehls zum Halten mit der 22. Infanterie=Division am An=
fang, die Gegend Marcilly—Chambry, mit der 4. Kavallerie=
Division auf dem äußersten, nördlichen, Flügel schon um

10 Uhr vormittags sein Tagesziel erreicht. Meldungen der Flieger bestätigen, daß der Feind vor der ganzen Front, von Paris bis zur Straße Sézanne—Romilly, den Rückzug fortsetzt.

Aus der am Abend des 5. eintreffenden ausführlichen Weisung von der Obersten Heeresleitung geht hervor, daß der Feind aus der Linie Belfort—Toul Truppen nach Westen abbefördert und vor der Front unserer III., IV. und V. Armee Teile wegzieht. Die Oberste Heeresleitung rechnet damit, daß er stärkere Kräfte zum Schutze der Hauptstadt und Bedrohung der rechten Heeresflanke bei Paris zusammenzieht. Aus der vom Überbringer der Weisung, Oberstleutnant Hentsch, mündlich gegebenen Schilderung der Gesamtlage geht zur Überraschung des Oberkommandos, welches alle Armeen in siegreichem Vorgehen glaubte — Meldungen vom 4. 9. morgens —, hervor, daß der linke Heeresflügel, die V., VI., VII. Armee, vor den französischen Ostfestungen festliegt, so daß er den gegenüberstehenden Gegner schwerlich fesseln kann. Infolgedessen muß jetzt mit der Möglichkeit gerechnet werden, daß der Feind mit der Eisenbahn Truppen von seinem Ostflügel in Richtung Paris verschiebt. Daraus ergibt sich für die I. Armee eine erheblich andere Auffassung der Lage als bisher. Sie wird bestärkt durch die am späten Abend eingehende Nachricht von der Anwesenheit stärkerer feindlicher Kräfte bei Dammartin, im Nordosten von Paris.

Angriff des IV. Reservekorps in Richtung Dammartin.

Diesem mit der Flankendeckung nördlich der Marne beauftragten Armeekorps waren schon am 4. September bei Dammartin und südlich feindliche Kräfte gemeldet. Als am 5. kleinere diesseitige Abteilungen in Richtung St. Soupplets und südlich vorgeschoben wurden, um auch der 4. Kavallerie-

Division die Aufklärung in Richtung Paris zu ermöglichen, stellte man den Vormarsch feindlicher Kolonnen aus Gegend St. Mard und südlich fest. Um einen sicheren Einblick in die Verhältnisse bei Dammartin zu gewinnen, entschloß sich der Kommandierende General v. Gronau zum Angriff, der auf der ganzen Front des Armeekorps — von St. Soupp-lets bis zur Höhe zwei Kilometer westlich Penchard — den Feind in schwerem Kampfe zum Zurückgehen zwang. Die nördlich des IV. Reservekorps vorgehende 4. Kavallerie-Division stieß ebenfalls auf starken Gegner, dessen Angriff sie in der Gegend Ognes—Brégy erfolgreich abwehrte. Die Stärke der Franzosen war auf mindestens 2½ Divisionen mit starker schwerer Artillerie festgestellt worden. Um nicht in den Wirkungsbereich der Festung Paris mit ihren vor-geschobenen Stellungen zu kommen und eine Umfassung des rechten Flügels durch den der 4. Kavallerie-Division gegen-über befindlichen Feind zu vermeiden, ordnete General v. Gronau an, die Verfolgung nicht über die Linie Cuisy—Iverny auszudehnen und bei Eintritt der Dunkelheit hinter den Thérouane-Abschnitt in Linie La Ramé—Gué à Tres-mes zurückzugehen.

Diese Bewegung erfolgte ohne jede Störung durch den Feind, der an keiner Stelle nachdrängte. Der erste feindliche Stoß gegen die gefährdete Flanke der I. Armee war ab-geschlagen, dank der vorzüglichen Führung durch General v. Gronau, seinem zähen Armeekorps und der tapferen 4. Kavallerie-Division.

Über Verbindungen mit der Obersten Heeresleitung und deren Anweisungen.

Wie aus vorstehenden Darstellungen zu entnehmen, ge-nügte die Verbindung der I. Armee mit der höchsten die

Heere leitenden Stelle nicht. Einige Gründe sind bereits an=
geführt. Mit der II. Armee konnte dauernd Fühlung sowie
Verbindung im Gedankenaustausch stattfinden. Anweisun=
gen der Obersten Heeresleitung kamen im Verhältnis zu den
schnellen Fortschritten der auf dem äußersten Heeresflügel
schwenkenden, die bei weitem größten Räume durchschrei=
tenden I. Armee mangels engerer Verbindung erst nach
Eintritt wichtigster Ereignisse. Vom Standpunkt des Ober=
kommandos der I. Armee aus sollen sie nachstehend einer
zusammenfassenden Betrachtung unterzogen werden. Es
darf hier zum Ruhme der Armeekorps wie ihrer Führer in
der Gesamtheit nicht verschwiegen werden, daß der oben=
genannte Überbringer der Weisungen vom 4. September der
Anschauung der Obersten Heeresleitung Ausdruck gab, daß
die Leistungen der I. Armee über alles Lob gewesen seien.
Die Armee trug das Bewußtsein in sich, ihre Schuldigkeit
bis zur Grenze des Möglichen getan zu haben.

Die Anweisung vom 28. August gipfelt mit ihren wich=
tigsten Gesichtspunkten in dem Befehl, daß die I. Armee mit
Kavalleriekorps westlich der Oise gegen die untere Seine zu
marschieren habe. Sie müsse bereit bleiben, in Kämpfe der
II. Armee einzugreifen. Ihr falle der Flankenschutz des
Heeres zu, auch habe sie Neubildungen des Gegners in ihrem
Operationsgebiet zu verhindern. — Weit gegriffen vielleicht
im Raum Compiègne—Abbéville—Dieppe—Rouen—Man=
tes—Creil. — Die II. Armee mit ihrem Kavalleriekorps I
geht über La Fère—Laon auf Paris vor. Sie hat Mau=
beuge, später La Fère und — im Einverständnis mit der
III. Armee — Laon zu nehmen. Diese drei Armeen haben im
Einvernehmen miteinander zu handeln und sich im Kampf
an den einzelnen Abschnitten zu unterstützen. Starker Wider=
stand, der an der Aisne und später an der Marne geleistet

werde, könne ein Eindrehen der Armeen aus südwestlicher
in südliche Richtung erforderlich machen!

Die I. Armee setzte, wie dargetan, ihren Vormarsch von
der Somme in südwestlicher Richtung zunächst fort. Nach
jenen Weisungen war eine Verschiebung der drei Armeen in
mehr westlicher Richtung beabsichtigt, wobei der I. Armee bei
weiteren Fortschritten westlich der Oise die Richtung gegen
den starken Seine=Abschnitt Rouen—Mantes zufiel mit dem
vorläufigen Operationsziel: dortige feindliche Kräfte oder
anderweitige zu vernichten, nach Möglichkeit in die Seine
zu werfen und deren Übergänge in die Hand zu nehmen:
ein lockendes Ziel, aber nicht erreichbar, weil bei den Stärke=
verhältnissen des westlichen Heeresflügels ein Vormarsch in
Richtung Beauvais—Vernon jederzeit mit dem Einschwen=
ken von Teilen oder der großen Masse der I. Armee in öst=
licher Richtung zur Unterstützung der Nachbararmeen zu
rechnen hatte. Die unzureichende Stärke des westlichen deut=
schen Heeresflügels, dem ein starker Kräftezufluß aus den
Armeen des östlichen Heeresflügels zu wünschen war, trat
solch weitausgreifenden Bewegungen hindernd in den Weg.
Die beim Oberkommando umgehenden Gerüchte, daß es der
I. Armee vorbehalten sein könne, über die untere Seine—
Dreux—Etampes der französischen und englischen Armee in
den Rücken zu kommen, wurden als solche abgetan angesichts
der für diesen Fall mehr wie unzureichenden Kräfte des
Westflügels. Eine beobachtende Abschließung von Paris
nordost—nordwest und der Schutz endloser Verbindungen
traten hinzu.

Nach Auffassung des Oberbefehlshabers um die Wende
der Monate August=September konnte ein zurückhaltender
Eingriff der Obersten Heeresleitung im Interesse einer in
sich mehr gefestigten Strategie erwägenswert sein: Atem=

schöpfen, Abwarten mehrerer Divisionen aus Lothringen, Besitznahme des Marne=Abschnitts, tunliche Abschließung von Paris auf dem rechten Seine= und Marneufer, Artillerie= angriff auf die Nordostfront von Paris mit allen schweren Kalibern der I. und den erreichbaren der II. Armee. Sobald die Armee sich gesetzt, erholt habe und starke Kräfte aus Lothrin= gen angekommen, beim Etappendienst noch befindliche aktive Truppenteile durch Landwehr und Landsturm abgelöst seien, auch die Brüsseler Brigade zur Stelle wäre, sollte der Bewe= gungskrieg wieder zu vollem Rechte kommen. Naturgemäß würde der Gegner ebenfalls sich setzen, verstärken, auch größere Bewegungsfreiheit gewinnen, aber es schien das kleinere Übel und unbedenklich, sobald eine ausgiebige Kräfte= verschiebung im angedeuteten Sinne zur Tatsache würde. Von Verstärkungen der Armee im Osten auf Kosten des Heeres im Westen, wie im August geschehen, war so lange abzusehen, bis die französische Armee entscheidend geschlagen war, so daß dann eine vorläufige Entlastung des Heeres in Frankreich eintrat und man ausgiebig an die Verstärkung der Streitkräfte in Ostdeutschland heranzutreten vermochte. Po= litische Unwägbarkeiten konnten hinzukommen, angedeutet durch Friedensneigungen der beim Erscheinen des rechten deutschen Heeresflügels vor Paris eilends nach Bordeaux übergeführten Regierung des Präsidenten Poincaré.

Ob aber ein Anhalten der Heeresbewegung des rechten deutschen Flügels durch die Oberste Heeresleitung sich als not= wendig erweisen könnte, hing allerdings von der Gesamtlage ab. Traten eine Überführung französischer starker Verbände und ein Angriff gegen die Flanke der I. Armee irgendwie in Sicht, so war ein Anhalten erforderlich. Hiermit brach der Gesamtplan, beruhend auf schneller Durchführung, in sich zu= sammen. Das Armee=Oberkommando I hatte keinerlei

Kenntnis von dem schwerwiegenden Umstande, daß die IV.
und VII. Armee östlich der Mosel festlagen und dem Gegner
Bewegungsfreiheit gewährten; bei rechtzeitiger Kenntnis
dieser Lage wäre ein Überschreiten der Marne durch die
I. Armee mit Massen nicht in Frage gekommen!

Die I. Armee hatte am 29. August das Abschwenken aus
südwestlicher Richtung gegen die Oise begonnen und wollte
am 31. über Compiègne—Noyon vorgehen, um den von der
II. Armee mitgeteilten Erfolg der Schlacht von St. Quentin
auszubeuten. Die Oberste Heeresleitung billigte diesen Ent=
schluß.

Der Funkspruchbefehl vom 28. August, westlich der Oise
gegen die untere Seine zu marschieren, war mithin vorläufig
zurückgestellt. Vielleicht sind Bedenken nach der Richtung
maßgebend gewesen, daß die Stärke des westlichen Heeres=
flügels nicht genügte, um bei weiterer Offensive in breitester
Front sowohl den linken französischen Heeresflügel, die eng=
lische Armee, etwaige Ausfalltruppen von Paris aufs Haupt
zu schlagen und gleichzeitig die große Lagerfestung in Schach
zu halten. Dann der Flankenschutz Lille—Rouen gegen die
Kanalküste.

Somit wird an der höchsten leitenden Stelle jene Unter=
schätzung des Gegners nicht vorgelegen haben, welcher man
an weniger oder überhaupt nicht verantwortlichen Stellen
begegnete. — Trotzdem war mit großer Wahrscheinlichkeit
darauf zu rechnen, daß man dem Gegner im September durch
eine rechtzeitige Massierung überlegener Kräfte im Raume
der drei rechten Flügelarmeen, sei es zum Durchbruch oder der
Umfassung oder zu beidem, weitere nachhaltige Schläge werde
versetzen können.

In der Nacht zum 3. September ging dann der dritte
Funkspruch der Obersten Heeresleitung in entscheidungsvoller

Zeit ein. Die Franzosen sollten in südöstlicher Richtung von Paris abgedrängt werden, die I. Armee der II. gestaffelt folgen und weiterhin den Flankenschutz des Heeres über= nehmen. Damit wurde diejenige Bewegung eingeleitet, welche am 4. September abends von Grund aus verändert wurde durch Anweisung zu einer Umklammerung der Nord= und Ostfront von der Oise bis zur Seine oberstrom Paris durch die Armeen Kluck und Bülow, anscheinend auf den Bericht der I. Armee mittels Funkspruchs vom 4. September morgens. Jetzt setzte die schwierige Kehrtschwenkung der Armee ein, welche zur blutigen Schlacht am Durcq und bis Nanteuil le Haudouin und Baron führte, um die Armee Maunoury gegen die Thérouane und auf Dammartin zurückzudrücken und in ihrem Gefüge zu erschüttern.

4. Schlacht am Durcq.

Krise und Loslösung. Abmarsch zur Aisne.

Bevor an der Hand der Armeebefehle und des Berichts von 1915 die schwerwiegenden Ereignisse der zweiten Sep= temberwoche und die an die I. Armee gestellten Forderungen hinsichtlich ihrer moralischen Kräfte und der Manövrier= fähigkeit der Armeekorps und des Kavalleriekorps zur Dar= stellung gelangen, erscheint es zweckmäßig, die Auffassungen des Gegners über die Gesamtlage zu erörtern. Nach Major Gedel: „Ursprung des Weltkrieges und Verlauf auf dem bel= gisch=nordfranzösischen Kriegsschauplatz bis Mitte Septem= ber 1914" und anderweitigen Quellen befahl General Galliéni als Gouverneur von Paris der ihm unterstellten 6. Armee unter General Maunoury am 4. September, sich nachmittags in ihrem Unterkunftsraum zwischen der Nordfront von Paris und der (angeblich) mit schwerer Artillerie bestückten, starken, vorgeschobenen Stellung Dammartin marschbereit zu halten. Am 5. September frühmorgens solle Maunoury in die Flanke der I. deutschen Armee stoßen. Der Oberbefehlshaber Joffre hatte am 4. September vormittags Funkspruchmeldung über Galliénis Entschluß erhalten. Er erließ daraufhin am Abend des 4. folgenden Befehl*):

„1. Aus der gefährlichen Lage der I. deutschen Armee sind durch Zusammenwirken aller Kräfte der verbündeten Heeresgruppen des äußersten linken — französischen — Flügels alle Vorteile zu ziehen. Während des 5. werden alle Anordnungen getroffen werden, um am 6. zum Angriff überzugehen.

„2. Die für den 5. abends einzunehmende Grundstellung ist folgende:

„a) die gesamte verfügbare Streitkraft der 6. Armee im Nordosten von Paris steht bereit, den Ourcq zwischen Lizy und May en Multien in der allgemeinen Richtung auf Château Thierry zu überschreiten; die verfügbaren Kräfte der Kavallerie Sordet werden für diese Bewegung General Maunoury unterstellt. Gegner von Kluck.

„b) Das englische Heer steht in der Linie Nangis—Coulommiers, Front nach Osten angriffsbereit, in allgemeiner Richtung Montmirail. Gegner von Kluck.

„c) Die 5. Armee schließt leicht nach links auf und nimmt Stellung in der allgemeinen Front Courtacon—Esternay—Sézanne, angriffsbereit in der allgemeinen Richtung von Süden nach Norden; das 2. Kavalleriekorps, General Conneau, sichert die Verbindung mit der englischen Armee. Gegner von Kluck und von Bülow.

---

*) Auszug, Richtigkeit nicht verbürgt.

„d) Die 9. Armee, General Foch, deckt die rechte Flanke der 5. Armee; sie hält die Südausgänge der Sümpfe von Saint Gond und marschiert mit einem Teil in der Ebene nördlich Sézanne auf. Gegner von Bülow und von Hausen.

„3. Am 6. September früh greifen diese Heeresgruppen an; desgleichen die 4. Armee, de Langle, rechts der 5. in nördlicher Richtung; Gegner Herzog Albrecht von Württemberg. Die 3. Armee, Sarrail, soll sich in westlicher Richtung gegen die linke Flanke des Deutschen Kronprinzen entwickeln."

Die Grundgedanken einer dem deutschen Westheere zu bereitenden Umklammerung im Cannä-Sinne sind der französischen Heeresleitung bewußt gewesen, mögen auch erste Anregung und Entschluß zur Umfassung des deutschen Westflügels von Galliéni ausgegangen und von Joffre und seinem Stabe zur beiderseitigen ausgestaltet sein.

Die Erwartungen über den Ausgang werden drüben nicht befriedigt haben, so verdienstvoll für die Gegenpartei der Gedanke bewertet werden muß. Hannibal meisterte das zu ersehnende Kriegsglück in seiner großzügigsten Schlacht, Joffre entging es der folgerichtigen, das Kriegsruder umwerfenden deutschen Führung gegenüber. In der Gesellschaft des Puniers genannt zu werden, ist für Feldherren unserer Tage eine ehrende Anerkennung, auf welcher Seite der um höchste Einsätze ringenden Heere sie jeweilig stehen mögen. — Tannenberg, sinngemäß Mukden. (Siehe Oscar Wiedebantt, „Hannibal bei Cannä".)

Nach Major Gedel hatte sich die 6. Armee nach langem, anstrengendem Marsch am 2. September nördlich Paris gesammelt, und zwar: nördlich von Dammartin General Lamaze mit der 55. und 56. Reserve-Division und einer Marokkaner-Brigade; bei Louvres, zwischen Dammartin—Saint Denis, General Vautier mit der 14. Division des 7. Korps

und der 63. Referve=Divifion; nordöftlich Clapes die Ka=
vallerie=Brigade Gillet.   Die 61. und 62. Referve=Divifion,
General Ebner, erreichten fehr ermüdet erft am 4. Pontoife,
um am 6. nach Attainville zu rücken. Die 45. algerifche Divi=
fion, General Drude, marfchierte am 5. abends von Bourg
la Reine nach Dammartin als Armeehauptreferve; endlich
wurde das 4. Korps, General Boelle, vom 3. bis 7. bei
Gagny, füdlich Le Raincy, ausgeladen.   Abgerundet zehn
Infanterie=Divifionen und Kavallerie Sordet und Gillet ein=
fchließlich der am 9. hinzukommenden acht bis neun Ba=
taillone Zuaven und Spahis. Als ftändige Befatzung von
Paris find zu nennen: die 83., 85., 89., 92. Territorial=Divi=
fion und die Seewehr=Brigade des Konteradmirals Rona=
rich. — Die Anfammlung folcher Maffen in der Flanke des
weftlichen deutfchen Heeresflügels war verborgen geblieben.
— Nach Plutarch, in feinen „Maximen von Königen und
Feldherren", nennt der Athener Chabrias den als beften
Feldherrn, der die Umftände beim Feinde am beften kennt.
Die ausfchlaggebende Bedeutung des Nachrichtenwefens im
Verlauf eines neuzeitigen Krieges war in hellfte Beleuchtung
getreten.

Einleitung des Rechtsabmarfches der I. Armee.

Dem nachangeführten Armeebefehl vom 5. September,
11 Uhr abends, aus dem Hauptquartier Rebais hinter der
Front des bisherigen Stoßflügels der I. Armee, lag die An=
ficht zugrunde, daß noch keine fchwere Gefahr in der rechten
Flanke beftehe und der Rechtsabmarfch in Ruhe vor fich
gehen könne.   Immerhin follte ein der Lage entfprechender
ausgiebiger Schritt ohne Verzug gefchehen:

„1. Nachdem die I. Armee in Verbindung mit der II. die
gegenüber befindlichen Engländer und Franzofen auf die

Seine zurückgeworfen hat, ist beiden Armeen von der Ober=
sten Heeresleitung die Aufgabe zugewiesen, gegenüber der
Ostfront von Paris zu verbleiben, um feindlichen Unterneh=
mungen aus Paris offensiv entgegenzutreten, und zwar
I. Armee zwischen Oise und Marne, II. Armee zwischen
Marne und Seine. Flieger melden stärkere feindliche Kräfte
im Zurückgehen auf Tournan und Rozoy sowie von Courta=
con auf Provins und von Esternay auf Nogent sur Seine.

„2. Die I. Armee wird den zur Ausführung ihrer neuen
Aufgabe erforderlichen Rechtsabmarsch wie folgt beginnen:

„II. Armeekorps marschiert in zwei Kolonnen über Tril=
port bis Germigny und über Pierre Levée—Monteaux bis
Isles les Meldeuses; es schiebt seine Staffeln über La Ferté
sous Jouarre auf der Straße nach Vendrest—Croun ab.

„IV. Armeekorps erreicht morgen die Gegend von Doue
und läßt seine Staffeln stehen.

„III. Armeekorps geht morgen in die Gegend von La
Ferté Gaucher; 1. Staffel Charly sur Marne, nördliches
Marneufer, 2. Staffel Gegend Lizy—Clignon.

„IX. Armeekorps bleibt morgen in seinem Unterkunfts=
raum und schiebt seine Staffeln über Nogent auf das nörd=
liche Marneufer. Unterkunft der Staffeln östlich der Straße
Coupru—Domptin—Charly sur Marne.

„II. und IV. Armeekorps lassen noch schwache Nachhuten
am Grand Morin.

„3. Die Bewegungen der Kolonnen und Trains werden
bis auf weiteres täglich vom Oberkommando befohlen. So=
bald die Verschiebung der Armee beendet, erfolgt Neurege=
lung der Verbindungen zum Etappenhauptort Chauny.

„4. Die Armeekorps lassen durch Stabsoffiziere das ord=
nungsmäßige Überschreiten der Marne seitens der Kolonnen
und Trains beaufsichtigen.

„5. Die Marnebrücken sind sofort stark zu besetzen: bei Lizy und Germigny durch II. Armeekorps; La Ferté sous Jouarre, Saucy und Nanteuil einschließlich Eisenbahnbrücke IV. Armeekorps; bei Charly sur Marne und Nogent durch III. Armeekorps; bei Chézy sur Marne und Château Thierry durch IX. Armeekorps einschließlich Eisenbahnbrücke.

„6. Das II. Kavalleriekorps (H. K. K. 2) verschleiert den Rechtsabmarsch der Armee gegen die Südostfront von Paris und die untere Seine durch „Vorgehen" in die Gegend Lu= migny—Rozoy.

„7. Pionier=Regiment 18 ist auf La Ferté in Marsch zu setzen; es wird zur Verpflegung dem IV. Armeekorps zu= geteilt.

„8. Armeehauptquartier morgen von 10 Uhr vormittags ab Charly sur Marne. Befehlsempfang 6 Uhr nachmittags.

„II./24 mit einem Zug Maschinengewehre und zwei Ge= schütze ist vom Armee=Oberkommando zur Bedeckung dort= hin in Marsch gesetzt."

Die Anwendung des Cäsarischen Grundsatzes: „Bei großen und gefährlichen Unternehmungen ist nicht zu über= legen, sondern zur Tat zu schreiten", mußte in dieser zu= gespitzten Lage schleunige Eingriffe in die Bewegung der I. Armee erzeugen.

Nachträglich gedenkt man sinnend der überwältigenden Größe des Genies Friedrichs des Großen und Einzigen in — strategisch gemessen — hoffnungslosen Lagen mit ihren blitzgleich aufleuchtenden Schlachterfolgen und deren politi= scher Auswertung.

In der Nacht zum 6. September stellte sich heraus, daß noch schärfere Eingriffe in die Bewegungen der I. Armee er= forderlich seien, um der Gefahr einer Umfassung wirksam und rechtzeitig zu begegnen. Auf Grund der Meldungen des

IV. Reservekorps über seine Kämpfe am 5. erging an das
II. Armeekorps besonderer Befehl, in den ersten Morgen=
stunden abzumarschieren, um schon heute am 6. zur etwaigen
Unterstützung des IV. Reservekorps bereit zu stehen. Der
Kommandierende General v. Linsingen führte die 4. In=
fanterie=Division über Lizy in Richtung Trocy, die 3. über
Vareddes zur Entlastung des IV. Reservekorps vor, welches
inzwischen vom Gegner in Stärke etwa eines Armeekorps
von Brégy—St. Soupplets—Penchard aus angegriffen ward.
Die 3. Infanterie=Division stieß westlich und nördlich Va=
reddes auf starke englische Kräfte. Der erste starke Ansatz zum
angriffsweisen Verfahren gegen den neuen Feind war er=
folgt. Durch Befehl von 5 Uhr 30 nachmittags wird das
IV. Armeekorps bis in die Gegend nördlich La Ferté sous
Jouarre über die Marne herangezogen, um erforderlichen=
falls in den vom Feinde mit inzwischen überlegenen Kräften
geführten Kampf eingesetzt zu werden. Um 10 Uhr 30 abends
wird befohlen, daß das IV. Armeekorps noch in der Nacht
vorgeführt werden solle, um bei Tagesgrauen über die Linie
Rosoy en Multien—Trocy angreifen zu können. Am Morgen
des 7. September standen somit das II. Armeekorps, das
IV. Reservekorps noch ohne Brüsseler Brigade, das IV. Ar=
meekorps in gemischten Verbänden vom unteren Therouane=
bis an den Gergognebach, Zufluß des Ourcq, die 4. Ka=
vallerie=Division nach Norden anschließend, um der Armee
Maunoury Halt zu gebieten, über deren Stärke und Zusam=
mensetzung dem Armee=Oberkommando nichts bekannt war.
Der Druck zunächst überlegener Kräfte war fühlbar. Beim
III. und IX. lagen die Dinge am Abend des 6. so: der
Gegner hatte morgens von westlich des Waldes von Tra=
conne in der Richtung Escardes—Seu angegriffen, wo das
IX. in der Gegend Esternay bereitstand. Es hatte sich trotz

des schon eingeleiteten Abmarsches zum Gegenangriff ent=
schlossen, um die Fortschritte der am Petit Morin kämpfen=
den II. Armee zu erleichtern. Das III. war zum befohlenen
Abmarsch bereits angetreten, hatte aber mit Rücksicht auf
gegenüber auftretende starke Artillerie und auf Bitten des
IX. Armeekorps beschlossen, sich bei Sancy—Montceau zu
dessen Unterstützung bereitzustellen. Durch Armeebefehl vom
6. September, 5 Uhr 25 nachmittags, wird dem III. Armee=
korps die Deckung der rechten Flanke des IX. übertragen.

Die II. Armee beabsichtigte, um den rechten Flügel bei
Montmirail schwenkend, mit der Mitte und dem linken
Flügel, dieser auf Marigny le Grand, bis zur Seine weiter
zu folgen. Hierdurch kamen III. und IX. Armeekorps vor
den rechten Flügel der genannten Armee. Durch Armee=
befehl von 10 Uhr abends werden daher beide Korps auf das
Nordufer des Petit Morin in die Linie Sablonnières—Mont=
mirail zurückgenommen. Sie gewannen Anschluß an den
rechten Flügel der II. Armee bei Montmirail und wurden
zwecks einheitlichen Handelns an deren Weisungen gebunden.
Kavallerie Marwitz ging bis Lumigny—Rozoy vor und
deckte die rechte Flanke des III. Armeekorps gegen die aus
der Gegend von Tournan in Richtung Coulommiers vor=
gehenden feindlichen Kräfte. Es gab die 2. Kavallerie=Divi=
sion an das I. Kavalleriekorps ab (H. K. K. 1.), welches vom
Armee=Oberkommando II in die Gegend Montmirail vor=
geschoben wurde.

Den allgemeinen Angriff des französischen Heeres

hatte gemäß Mitteilung der Obersten Heeresleitung General
Joffre für den 7. September angeordnet, um die Entschei=
dungsschlacht herbeizuführen. Traf dies zu, so hing der Er=
folg des französischen Angriffs nach Auffassung des Ober=

kommandos von Stärke und Erfolg des aus Paris gegen die
Flanke des deutschen Heeres geführten Stoßes ab. Um hier
den Feind nicht nur abzuweisen, sondern durch von Norden
umfassenden Gegenangriff zu schlagen, wurden am frühen
Morgen des 7. September das IX. und III. Armeekorps in
der Richtung La Ferté Milon—Crouy in Marsch gesetzt und
deren Verhältnis zur II. Armee bezüglich erteilter Weisungen
aufgehoben — ein Gebot der kritischen Lage! Denn beim
Oberkommando herrschte die Ansicht, daß die II. Armee im
Verlauf der von ihr beabsichtigten Schwenkung im Sinne
der Heeresweisung vom 4. September, abends 7 Uhr, südlich
der Marne in westlicher Richtung vorgehen würde. Sie
stieß aber tatsächlich auf starken Widerstand und kam über
den Petit Morin nicht hinaus.

Zur Verstärkung des demnächstigen Angriffsflügels der
I. Armee erhielt die rührige Etappeninspektion Befehl, alle
dort verfügbaren Truppen vom Etappenhauptort Chauny
auf Villers=Cotterets heranzuziehen.

Auf die Befehlserteilung vom 6. September, um 10 Uhr
und 10 Uhr 30 abends ab Rebais, zurückgreifend, hatte das
IX. Armeekorps seine Kolonnen und Trains auf die Straße
Nogent L'Artaud—Château Thierry nördlich der Marne und
weiter auf Rocourt St. Martin an der Straße nach Soissons
zu setzen; III. auf die von Charly—Lizy—Clignon nach
Griffolles. Das Anmarschgebiet der nach Norden eilenden
III. und IX. Armeekorps sollte freigemacht werden. Ober=
kommando am 7. September, vormittags 7 Uhr, von Charly
sur Marne nach Vendrest zu den westlich des unteren
Ourcq kämpfenden II., IV. und dem IV. Reservekorps.
Dem II. Armeekorps wurde im zweiten Abendbefehl vom 6.
aufgegeben, seine Kolonnen und Trains auf die Straße Cou=
lombs—Chézy en Orgois—Noroy zu setzen und die Straße

Coulombs—Crouy mit allen Kolonnen und Trains bis
1 Uhr nachts in nördlicher Richtung zu überschreiten. Hier=
mit war der Rücken der Armee frei.

Am Ourcq waren gegen Mittag des 7. September unter
dem Oberbefehl des Generals v. Linsingen, Kommandieren=
den des II. Armeekorps, eingesetzt: die Nordgruppe mit der
7. Infanterie=Division, der 4. und der 16. Infanterie=Bri=
gade unter General Sixt v. Armin, Kommandierendem des
IV. Armeekorps; in Linie Antilly—Acy en Multien: die
mittlere Gruppe mit der 8. Infanterie=Division, diese ohne
16. Infanterie=Brigade, und mit der 7. Reserve=Division
unter General v. Gronau, Kommandierendem des IV. Re=
servekorps; in Linie Vincy=Manœuvre bis dicht nordwest=
lich Trocy: die Südgruppe mit 22. Reserve=Division und
3. Infanterie=Division unter Generalleutnant v. Trossel in
Linie Trocy—Vareddes. Diese Gruppeneinteilung hatte sich
zwangsweise ergeben, weil die Divisionen einzeln unter Los=
lösung aus ihrem Korpsverband angesichts der zunehmenden
Schärfe der Lage eingesetzt werden mußten. Sie blieb im
wesentlichen bis zum Eintreffen an der Aisne beibehalten,
um bei dem an sich schwierigen Abmarsch Kreuzungen und
Stockungen der Marschkolonnen zu verhindern. — Um
12 Uhr 15 nachmittags befahl General v. Linsingen den An=
griff über die Linie Antilly—Acy—Trocy. Diese Angriffs=
bewegung war gedacht als eine Schwenkung um den linken
Flügel, gegen den sich die Wucht des feindlichen Angriffs
richtete und der durch flankierendes Feuer feindlicher Ar=
tillerie schwer zu leiden hatte. Der Angriff der Gruppe Lin=
singen kam gut vorwärts; ihr rechter Flügel warf den Feind
über Villers St. Genest—Le Bas Boullancy, die 22. Reserve=
Division nahm und behauptete Etrepilly. Ein guter Teil der
Angriffsschwenkung war durchgeführt, eine Entscheidung

keineswegs gefallen. Um den durch das feindliche Artillerie=
feuer aus der Richtung Meaux schwer bedrängten linken
Flügel ausgiebig zu stützen, wird um 1 Uhr 15 nachmittags
ab Vendrest befohlen:

„IV. Reservekorps und II. Armeekorps in schwerem
Kampf in Linie Betz bis Vareddes nördlich Meaux. Gegner
verstärkt sich nördlich Meaux und bedrängt unseren linken
Flügel flankierend aus dieser Richtung durch schwere Artillerie.

„III. und IX. Armeekorps marschieren sofort zur Unter=
stützung soweit als irgend möglich heran. Spätestens morgen
vormittag muß auch der östliche Armeeflügel eingreifen. Es
marschieren: die westlichste Division des III. Armeekorps
auf dem kürzesten Wege bis Lizy. Eine Infanterie=Brigade
dieser Division mit der schweren Artillerie III. Armeekorps
nebst etwas Kavallerie ist auf die Straße La Ferté sous
Jouarre, Richtung Trilport, in Marsch zu setzen. Die Brücken
bei Ussy und St. Jean westlich La Ferté sous Jouarre sind
zerstört. Diese Brigade soll durch Artillerie flankierend die
englische Artillerie niederkämpfen. Sicherung und Aufklä=
rung Richtung Coulommiers, wo Feind gemeldet, und gegen
den unteren Grand Morin. Verbindung mit II. Kavallerie=
korps, das mit Artillerie auch aus Gegend Trilport heute
wirken soll. Die drei anderen Divisionen nach Anordnung
des Generals v. Lochow auf dem kürzesten Wege in der
Richtung La Ferté Milon—Crouy.“

Um 2 Uhr 30 nachmittags folgte der die Armee unter=
richtende Befehl, dessen Wiedergabe mit den aus dem Befehl
von 2 Uhr 15 bekannten Tatsachen die Krise schärfer beleuch=
tet: „Der General der Infanterie v. Linsingen führt heute den
Befehl über II., IV. und IV. Reservekorps auf Grund der
bisherigen Gruppeneinteilung weiter. Zur Unterstützung
sind in Marsch gesetzt:

„1. II./24 ohne eine Kompagnie nebst einem Zug Ma=
schinengewehre und zwei Geschützen von Charly nach Lizy;
bisherige Bedeckung des Armee=Oberkommandos. Ein=
treffen heute abend. Es erwartet in Lizy Befehl.

„2. Kavalleriekorps II wird noch heute aus Gegend Tril=
port mit Artillerie flankierend gegen feindliche Artillerie
nördlich Meaux eingreifen.

„3. III. und IX. Armeekorps sind aus südöstlicher Rich=
tung im Anmarsch in Richtung La Ferté Milon—Croux.
Eine Division des III. Armeekorps ist mit einer Infanterie=
Brigade und der schweren Artillerie des Armeekorps im
Marsch auf Trilport zur flankierenden Bekämpfung der eng=
lischen Artillerie nördlich Meaux. Das Gros der Division
im Marsch auf Lizy. Ich spreche den Kommandierenden Ge=
neralen und den ihnen unterstellten Truppen meine hohe An=
erkennung für die hervorragenden Leistungen aus.

(gez.) v. Kluck."

Noch lasteten Sorgen um den durchschlagenden Erfolg
auf dem Oberbefehlshaber und seinem die Lage nach allen
Richtungen durchschauenden Chef. Vieles war bisher in der
Kehrtschwenkung der I. Armee und der Ourcq=Schlacht er=
rungen.

Die 6. Infanterie=Division erreichte am 7. Charly sur
Marne, das IX. Armeekorps die Marne nächst Chézy. Ar=
meehauptquartier blieb Vendrest unter bester Verbindung
mit allen Befehlsstellen. Die Gegend nördlich von Crépy en
Valois bis La Ferté Milon, ebenso Senlis, Creil, Verberie
wurden vom Feinde frei gemeldet, hingegen standen starke
Massen am Abend des 7. im Gelände Nanteuil le Haudouin.

Um den reißenden Verlauf der kommenden Ereignisse
vom Standpunkt des Oberkommandos in seinen Grund=
linien, den der gesteigerten Dringlichkeit und jeweiligen Lage

entsprechenden Ergänzungen verfolgen zu können, erscheint es bis auf weiteres angemessen, die führenden Armeebefehle auch ferner wörtlich oder auszüglich niederzulegen, wobei Wiederholungen in Angabe wichtiger Ereignisse unvermeid= lich erscheinen. Am 7. September, 9 Uhr 15 abends, stellte sich in Vendrest das Gesamtbild folgendermaßen dar:

Armeebefehl für den 8.:

„II., IV., IV. Reservekorps haben heute die Linie An= tilly—Puisieux—Vareddes behauptet; starke feindliche Lager abends bei Monteuil, Silly le Long, St. Soupplets und west= lich. Bei Betz frische feindliche Kräfte nachmittags ein= greifend. Südlich des unteren Grand Morin schwächere Kräfte, südlich Coulommiers etwa eine feindliche Division. II. Armee im Kampf Linie Montmirail—Fère Champenoise. — II., IV., IV. Reservekorps in bisheriger Gruppeneintei= lung bleiben unter bisheriger Führung v. Linsingen. Der Gegner hat auf seinem rechten, südlichen Flügel und in der Mitte mit starker schwerer Artillerie den Kampf hauptsäch= lich geführt. Es ist notwendig, sich in den gewonnenen Stellungen zu behaupten und einzugraben. Es wird an= heimgestellt, den linken Flügel bei Vareddes nachts in eine günstigere Stellung zurückzubiegen. Auf dem rechten Flügel der Armee wird der Angriff nach Eintreffen der Verstärkun= gen durchgeführt.

„III. Armeekorps bricht um 2 Uhr morgens auf von Montreuil über Mareuil und von La Ferté sous Jouarre über Crouy, um auf dem rechten Flügel der Gruppe Sixt v. Armin nördlich Antilly anzugreifen. Vorsenden von Ar= tillerie mit Kavallerie wird empfohlen. — IX. Armeekorps marschiert um 2 Uhr morgens von südlich Château Thierry nördlich des III. auf La Ferté Milon. — II. Kavalleriekorps ohne 4. Kavallerie=Division deckt linke Flanke der Armee

gegen unteren Grand Morin und Coulommiers; es wirkt
von nördlich Trilport gegen feindliche Artillerie nördlich
Meaux. — Armeehauptquartier bleibt Vendrest. — Ein Bataillon der von Brüssel anmarschierenden Infanterie-Brigade IV. Reservekorps und ein Bataillon Grenadier-Regi-
ments 2 sind abends in Villers-Cotterets eingetroffen und
werden der Gruppe Sixt v. Armin zugeteilt."

Am Morgen des 8. September, 9 Uhr 15 vormittags,
erschien ein weiterer Befehlseingriff notwendig, indem die
5. Infanterie-Division über Cocherel auf Trocy geleitet
wurde, um einem dortigen Durchbruchsversuch zu begegnen;
ferner vom IX. Armeekorps die linke Kolonne auf Mareuil,
die rechte auf La Ferté Milon. — Der Feind sei aus Richtung Coulommiers und südlich im Marsch auf La Ferté
Gaucher und Rebais. Gardekavallerie-Division decke am
Petit Morin gegen Sablonnières, 2. Kavallerie-Division bei
La Ferté sous Jouarre. Für den Oberbefehlshaber sei als
Reserve ein Infanterie-Regiment und eine Abteilung bei
Montreuil aux Lions, 12 km nördlich La Ferté sous Jouarre,
von der linken Kolonne IX. Armeekorps, bereitzustellen.
Rückwärtige Verbindung für Kolonnen und Trains Château Thierry—Epieds—Fère en Tardenois—Fismes. — Die
Entscheidung des Tages liege in dem Eingreifen des IX. Armeekorps bei La Ferté Milon—Mareuil. „Das Armeekorps
dürfe durch den auf Coulommiers vorgehenden Feind sich
unter keinen Umständen von diesem Eingreifen abhalten
lassen."

Vorgreifend sei erwähnt, daß die 6. Infanterie-Division
noch am Abend des 8. bei Cuvergnon nördlich Antilly ent-
lastend in das Gefecht am rechten Armeeflügel eingriff und
daß das IX. Armeekorps abends bereitstand, um am 9. rechts
und nördlich der 6. Infanterie-Division aus der Linie La

Ferté Milon—Mareuil die Umfassung des feindlichen Nord=
flügels durchzuführen. Obwohl der Feind Reserven von
Nanteuil le Haudouin nach dem Bois du Roi vorgeschoben
hat, erscheint eine Umklammerung des feindlichen Nordflügels
gewährleistet, zumal die 43. Reserve=Brigade (v. Lepel)
des IV. Reservekorps von Brüssel über Compiègne am 8.
Verberie erreicht; sie soll am 9. über Baron dem Feind in
den Rücken gehen. Hinter ihr gelangt die 10. Landwehr=
Brigade, Oberst v. Lenthe, am 8. bis Ribécourt. General
v. Lochow soll heute den Befehl über die mittlere Gruppe,
IV. Reservekorps und 8. Infanterie=Division, übernehmen. —
Flanke an der Marne, Front westlich des Ourcq, wirksame
Umfassung des feindlichen Nordflügels erschien gesichert.

Das Vorgehen der Engländer gegen die Marne

stellte sich am 8. September im Laufe des Vormittags her=
aus, indem stärkere Kräfte nördlich des Grand Morin auf
La Ferté sous Jouarre—St. Cyr und über Rebais auf Orly
marschierten. Die Sicherung der Flanke und des Rückens
der Armee durch das II. Kavalleriekorps längs der Marne
westlich La Ferté sous Jouarre und des I. Kavalleriekorps
am Petit Morin zwischen La Ferté und Villeneuve schien
noch nicht genügend gewährleistet. Ein Befehl an das
IX. Armeekorps von 11 Uhr 20 vormittags forderte zum
Schutz gegen diese flankierende Bewegung der Engländer die
Besetzung der Marne=Linie von La Ferté sous Jouarre bis
Nogent L'Artaud, schließlich ermäßigt auf eine Infanterie=
Brigade und zwei Regimenter Feldartillerie, und Überwei=
sung der Armeereserve bei Montreuil aux Lions an das Ar=
meekorps. Marnebrücken zur Zerstörung vorbereiten und
erforderlichenfalls ausführen. Meldung über das Ver=
anlaßte.

Inzwischen war der Durchbruchsversuch der Franzosen am 8., vormittags, bei Trocy ohne Mitwirkung der dort bereitgestellten 5. Infanterie-Division gescheitert. Am späten Nachmittag ging das Oberkommando nach La Ferté Milon, um dem Brennpunkt der Schlacht nahe zu sein. In der Abenddämmerung hatten verwegene französische Kavallerie-teile südlich La Ferté Milon eine Flugzeugstation angegriffen. Die Kraftwagenkolonne des Oberkommandos näherte sich gerade dem Ort des gemeldeten Zwischenfalls. Alle Mit-glieder des Stabes griffen zum Gewehr, zur Büchse, zum Revolver, um einen etwaigen Anritt französischer Kavalle-risten abzuwehren. Eine angemessene, breite, liegende Schützenlinie wurde gebildet. Ein düsterrot bewölkter Abend-himmel beleuchtete schemenhaft die Gestalten dieser eigen-artigen Kampfgruppe. Der Artilleriedonner des IX. und IV. Armeekorps gab stimmungsvolle, dröhnende Einklänge, die gewaltigen Blitze der schweren Geschütze durchzuckten die Schatten der kommenden Nacht. Inzwischen waren die fran-zösischen Eskadrons von Truppen des IX. Armeekorps oder anderen niedergeschossen, zersprengt und gefangengenommen worden. — Eine gute Beute war diesen tapferen Reitern entgangen!

Im Armeebefehl für den 9. September, vom späten Abend des 8. aus La Ferté Milon, war mitgeteilt, daß die I. Armee sich auf der ganzen Linie von Cuvergnon, nördlich Betz—Antilly, bis zum Marne-Bogen bei Congis behauptet habe, ferner daß südlich und westlich Crépy en Valois feind-liche Reserven gemeldet seien. Morgen solle die Entscheidung durch umfassenden Angriff des Generals v. Quast mit dem IX. Armeekorps, der 6. Infanterie- und 4. Kavallerie-Divi-sion aus dem waldigen Gelände nördlich Cuvergnon herbei-geführt werden. Brigade Lepel werde von Verberie auf

Baron westlich Nanteuil le Haudouin vorstoßen; der Gruppe
Sixt v. Armin — 16. Infanterie=Brigade, 7. und 4. Infan=
terie=Division — wurde anheimgestellt, sich angreifend zu be=
teiligen. Stärke des Stoßflügels mithin 5½ Infanterie=Divi=
sionen, 4. Kavallerie=Division nebst Brigade Lepel. — Dem
linken Armeeflügel v. Linsingen war im selben Befehl die
Behauptung seiner Stellung befohlen, dem General v. der
Marwitz mit der 29. Kavallerie=Division und der in Mon=
treuil aux Lions eingetroffenen gemischten Brigade v. Krae=
wel des IX. Armeekorps die Deckung der linken Armeeflanke
an der Marne. Armeehauptquartier am 9. um 9 Uhr vor=
mittags nach Mareuil. Fernsprechverbindungen ebendahin.
Noch von Vendrest aus war das IX. Armeekorps über die
vorangeführte Gesamtlage und die Absichten des Oberbefehls=
habers unterrichtet, tunlichst noch heute, am 8., mit verfüg=
baren vorderen Teilen des Korps in das Gefecht der 6. In=
fanterie=Division einzugreifen, auf deren Flügel Oberst v. der
Schulenburg mit zwei Bataillonen eingetroffen sei. Die
übrigen Teile des IX. Armeekorps seien so vorzuführen, daß
sie — wie oben erwähnt wurde — am 9. frühzeitig angesetzt
werden könnten.

Riß in der westlichen Heeresfront.

Der 9. September. Das Oberkommando traf um
9 Uhr 30 in Mareuil ein. General v. Quast war frühzeitig
mit seinem IX. Armeekorps, der 6. Infanterie=Division,
einigen Landwehr=Bataillonen Schulenburg und der 4. Ka=
vallerie=Division zum umfassenden Angriff in der Richtung
Nanteuil le Haudouin angetreten. Sein rechter Flügel geht
südlich Crépy en Valois durch das Bois du Roi vor. Der
Angriff kommt bis gegen 2 Uhr nachmittags gut vorwärts.
Der Feind scheint jetzt über starke Reserven nicht mehr verfügen

zu können. Brigade Lepel stößt erst bei Baron an der Straße
Senlis—Nanteuil le Haudouin auf feindliche Kräfte. Nach
Meldungen der unermüdlichen Flieger sind die Straßen im
Gelände Senlis—Chantilly—Creil—Compiègne frei vom
Feinde. Während somit auf dem Stoßflügel alles nach Wunsch
vorwärts schreitet, erfordern gewichtige Umstände auf dem
stark bedrohten linken Armeeflügel und seiner Flanke weitere
Eingriffe des Oberkommandos. Die II. Armee hatte schon
am 8. ihren rechten Flügel auf Fontenelle im Quellgebiet des
Dollaubaches zurückbiegen müssen und teilte am 9., 7 Uhr 35
vormittags, mit, daß sie heute den rechten Flügel in die
Linie Margny—Le Thoult zurücknehmen werde. Das vom
Feinde gedrängte I. Kavalleriekorps gehe teils auf Condé en
Brie, teils über die Marne zurück. General v. der Marwitz
meldete mit Abgang 10 Uhr 20 vormittags und Ankunft
11 Uhr das Vorgehen starker englischer Infanterie über die
Marne bei Nanteuil und Charly. Auf Grund dieser Sach=
lage wird um 11 Uhr 30 vormittags das Abbiegen des linken
Armeeflügels v. Linsingen in die Linie Crouy—Coulombs
links des unteren Ourcq angeordnet; die bisher nicht ein=
gesetzte 5. Infanterie-Division soll von Trocy in Richtung
Dhuisy zum Angriff auf die den Marnefluß überschreitenden
Engländer angesetzt werden. Mittels Befehls von 12 Uhr 35
nachmittags wird sie dem General v. der Marwitz unterstellt,
der bei La Ferté sous Jouarre und nordöstlich mit der Bri=
gade Kraewel die linke Flanke der Armee deckt und schon
10 Uhr 30 vormittags mit Eingang um 12 Uhr 42 nach=
mittags gemeldet hat, die übergegangenen Engländer anzu=
greifen, ganz nach Wunsch des Oberkommandos. Der Stoß=
flügel zwischen La Ferté Milon und Crépy en Valois bleibt
im fortschreitenden Angriff. Aus einem Ferngespräch mit
dem Chef des Generalstabes II. Armeekorps ergibt sich, daß

nach dem Stand des Gefechtes am Ourcq ein Zurücknehmen
des linken Armeeflügels noch nicht erforderlich ist. Im Ein=
verständnis mit dem Armee=Oberkommando bleibt die
Gruppe Linsingen zunächst in ihrer Aufstellung. — Kurz nach
1 Uhr nachmittags teilt die II. Armee durch Funkspruch mit:
„Flieger meldet Vorgehen von vier langen feindlichen Ko=
lonnen gegen Marne, Anfänge 9 Uhr vormittags Nanteuil—
Citry—Pavant—Nogent l'Artaud. II. Armee einleitet Rück=
marsch, rechter Flügel Damery." Durch diesen Rückmarsch
erweiterte sich die bisher verschleierte Lücke zwischen beiden
Armeen zu einem bedenklichen Riß im westlichen Heeresflügel
in einer zu erwartenden zunehmenden Ausdehnung von nörd=
lich Château Thierry bis in die Gegend Epernay und von
der Frontbreite einer Armee. Zwanzig Stunden später be=
richtigte die II. Armee jene Mitteilung dahin, daß ihr rechter
Flügel nicht auf Damery, sondern auf Dormans gehe.

Der Angriff Marwitz gegen die Engländer glückte: es
wurden Teile des über die Marne gegangenen Feindes bis
zum Abend im Gelände von Montbertoin geworfen.

Die Lage der I. Armee war gegen Mittag durchaus
günstig, auch wenn man das Ausweichen der II. Armee in
nordöstlicher Richtung in Rechnung zog. Denn auf dem ent=
scheidenden Stoßflügel konnte der Erfolg als sicher angesehen
werden; der linke Flügel stand fest, die Flanke erschien durch
die Gruppe Marwitz mit zwei Kavallerie=Divisionen, der
5. Infanterie=Division und der Brigade Kraewel ausreichend
gesichert. Um diese Zeit traf der Oberstleutnant Hentsch der
Obersten Heeresleitung vom Armee=Oberkommando II in
Mareuil ein, dessen Ankunft dem Oberbefehlshaber erst nach
seiner beschleunigten Abfahrt bekannt wurde — ein bedauer=
licher Umstand, der durch persönliche Meldung des Oberst=
leutnants beim Armeeführer zu vermeiden war; dieser

hielt sich in der Nähe vom Ort der obigen Zusammen-
kunft auf!

Oberstleutnant Hentsch machte folgende in den Akten des
Armee-Oberkommandos vorhandene, protokollarisch festge-
legte Mitteilung:

„Die Lage sei nicht günstig. V. Armee sei vor Verdun,
VI. und VII. vor Nancy—Epinal festgelegt. Der Rückzug
der II. Armee hinter die Marne sei unabänderlich; der rechte
Flügel, das VII. Armeekorps, zurückgedrängt, nicht zurückgegangen. Daraus folge, alle Armeen abzusetzen; die III.
nordöstlich Chalons, IV. und V. anschließend über Clermont
en Argonne auf Verdun. Die I. Armee müsse daher auch
zurückgehen in Richtung Soissons—Fére en Tardenois,
äußersten Falles weiter, sogar auf Laon—La Fère. Die von
der I. Armee etwa zu erreichende Linie zeichnete Oberstleutnant Hentsch mit Kohle in die Karte des Chefs, General-
majors v. Kuhl, ein. Bei St. Quentin werde eine neue Armee
zusammengezogen. So könne eine neue Operation beginnen.
General v. Kuhl bemerkte, daß die I. Armee in vollem Angriff und ein Rückzug sehr mißlich sei, die Armee auch infolge
Mischung der Verbände auf das äußerste erschöpft wäre.
Oberstleutnant Hentsch führte daraufhin aus, daß trotzdem
nichts anderes übrig bleibe; er gab zu, daß aus dem
augenblicklichen Kampf ein Rückzug in der befohlenen Richtung nicht angängig wäre, sondern in gerader Richtung mit
dem linken Flügel höchstens auf Soissons hinter die Aisne.
Er betonte, daß diese Direktive maßgebend bleibe, auch ohne
Rücksicht auf etwa eingehende andere Mitteilungen, und er
habe volle Vollmacht." Eine derartige, die Lage von Grund
aus in veränderte Beleuchtung setzende Nachricht war, um es
nochmals zu betonen, vom Oberstleutnant Hentsch unmittelbar an den Oberbefehlshaber der I. Armee zu leiten!

Abmarsch zur Aisne.

Wie jetzt an der Hand französischer Quellen ersichtlich ist, hatte General Maunoury schon am Abend des 8. September an den Rückzug in eine Verteidigungsstellung Monthyon— St. Soupplets—Le Plessis Belleville gedacht. Der taktische Sieg der I. Armee über die Armee Maunoury am äußersten linken französischen Heeresflügel erschien gesichert, und es war möglich, daß durch Fortsetzung des Stoßes am 9. ein großer Erfolg erzielt werden würde. Vielleicht kam auch die englische Armee nach dem Gefecht von Montbertoin zunächst nicht rascher vorwärts. Indessen konnte nach den Anweisungen der Obersten Heeresleitung an der Notwendigkeit des befohlenen Rückzuges nicht mehr gezweifelt werden. Inwieweit etwaige weitere stärkere Erfolge der I. Armee auf den Verlauf des Kampfes der östlich anschließenden deutschen Armeen einwirken würde, war vom Standpunkt des Oberkommandos nicht zu übersehen. Nach dem Urteil des mit Vollmacht versehenen Stabsoffiziers der Obersten Heeresleitung war es nicht der Fall. Der Riß zwischen den beiden rechten Flügelarmeen drohte ein klaffender zu werden. Dann waren Flanke und Rücken der I. Armee entblößt, während die Lage der II. bei weiterer Durchführung ihres Abzuges in nordöstlicher Richtung sich in natürlicher Weise bessern mußte. Ein Ausbeuten des gegen Maunoury eingeleiteten Erfolges im Laufe der nächsten Tage war gewiß zu erwarten. Aber die dann erforderliche Loslösung, Ordnung der Korpsverbände, Ergänzung von Munition und Verpflegung, Verschiebung der Trains, Sicherung der Verbindungen, also zeitfordernde Maßnahmen, mußten die bei Montbertoin nur aufgehaltenen und die östlich anschließenden englischen Kolonnen sowie den linken Flügel der beweglicheren Armee d'Espérey in Flanke und Rücken der an der Grenze höchster Leistungen

angekommenen I. Armee bringen. Dann wurde diese, wenn
man nicht unerhörte Fehler des Feindes voraussetzt, in eine
nordwestliche Abmarschrichtung Dieppe oder im günstigeren
Falle Amiens verwiesen — kräftezehrende, weite Wege! Anders
lagen die Dinge, wenn eine seit langer Zeit ersehnte Staffel
von zwei bis drei Armeekorps aus Lothringen oder dem
Elsaß rechtzeitig bereitstand, um die Offensive der westlichen
Heeresfront zu vertiefen oder Lücken zu schließen. Dann wich
die I. Armee nach begrenzter Ausbeutung des Erfolges gegen
Maunoury über Clermont—Compiègne in kleineren, von den
Truppen zu leistenden Märschen mit schwerer Artillerie in
starken Nachhuten aus, machte neu gegliedert an geeigneter
Stelle Front, um dann im Verein mit der Staffelarmee die
Angriffsbewegungen wieder aufzunehmen. Diese über Sois-
sons ober= und unterstrom.

Auf Grund der nunmehr völlig geänderten Sachlage
entschloß sich der Oberbefehlshaber — der Tragweite des
schwerwiegenden Entschlusses bewußt — zur sofortigen Ein=
leitung des Abmarsches in nördlicher Richtung gegen die
untere Aisne, Soissons—Compiègne. War der Entschluß ge=
faßt, so erforderte die Lage ungesäumte Einleitung. Keine
Stunde Zeitverlust war zu verantworten.

Befehle Hauptquartier Mareuil, 2 Uhr nachmittags und
8 Uhr 15 abends:

„Die Lage bei der II. Armee erfordert deren Zurück=
nehmen hinter die Marne beiderseits Epernay. Auf Anord=
nung der Obersten Heeresleitung wird I. Armee zur Deckung
der Flanke in die allgemeine Richtung Soissons zurückgenom=
men. Bei St. Quentin wird eine neue deutsche Armee zu=
sammengezogen. Die Bewegung der I. Armee wird noch
heute angetreten. Der linke Armeeflügel unter General
v. Linsingen einschließlich Gruppe des Generals v. Lochow

ift daher zunächst bis hinter den Abschnitt Montigny l'Al=
lier—Brumetz zurückzunehmen. Gruppe des Generals Sixt
v. Armin schließt sich dieser Bewegung nach Maßgabe der
Gefechtslage bis hinter den Abschnitt von Antilly—Mareuil
an. Die Angriffsbewegung der Gruppe des Generals
v. Quast wird nicht weiter durchgeführt als zur Loslösung
vom Feinde erforderlich ist, derartig, daß der Anschluß an
die Bewegung der übrigen Armeen möglich ist.

(gez.) v. Kluck."

Ferner abends für den 10. September:

„Der rechte Flügel der Armee war heute in siegreichem
Vorgehen in Richtung Nanteuil le Haudouin. Vom linken
Flügel griff 5. Infanterie=Division mit dem Kavalleriekorps II
den über Nanteuil sur Marne—Nogent L'Artaud vorgehenden
Feind an. — Auf Befehl der Obersten Heeresleitung wird die
I. Armee in Richtung Soissons und westlich hinter die Aisne
zurückgenommen, um die Heeresflanke zu decken, die II. Armee
in der Richtung beiderseits Epernay hinter die Marne zurück=
gezogen.

„Ich spreche den Truppen der I. Armee meine höchste An=
erkennung für die Hingebung und die ungewöhnlichen Lei=
stungen bei der bisherigen Offensive aus.

„Die Armee setzt die befohlene Bewegung aus den er=
reichten Linien heute noch fort mit dem Gros bis in und
nördlich der Linie Gondreville, südöstlich Crépy en Valois,
La Ferté Milon und Ourcq=Linie oberhalb davon. — Linker
Flügel der Armee unter General v. Linsingen einschließlich
Gruppe des Generals v. Lochow marschiert östlich des Ourcq,
unterhalb La Ferté Milon und demnächst mit dem rechten
Flügel auf der Straße La Ferté Milon—Villers=Cotterets—
Chausseekreuz 7 Kilometer nordöstlich Villers=Cotterets—
Ambleny. Gruppe General Sixt v. Armin mit rechtem

Flügel auf Straße Antilly—Vauciennes—Taillefontaine—
Attichy. Gruppe des Generals v. Quast westlich davon.

„Das Kavalleriekorps II nebst Brigade Kraewel deckt den
Abmarsch in der linken Flanke. 4. Kavallerie=Division hat Auf=
trag erhalten, an die Aisne vorausgehend, die Brücken von
Compiègne bis Soissons in Besitz zu nehmen. Reserve=Brigade
v. Lepel und gemischte 11. Landwehr=Brigade v. der Schulen=
burg marschieren über Compiègne auf Vic mit gleichem Auf=
trage. — Dem Gegner ist durch Wegezerstörungen und Zer=
störungen der Übergänge über den oberen Ourcq außer durch
Nachhuten Aufenthalt zu bereiten. — Pionier=Regiment 18
ist bei der Kolonne, bei der es sich befindet, an die Aisne
vorauszusenden, möglichst mit Wagen. — Zur Ordnung der
Korpsverbände werden morgen die einleitenden Maßnahmen
erfolgen. — Armeehauptquartier heute La Ferté Milon. Dort
7 Uhr morgens Befehlsempfänger.

(gez.) v. Kluck."

Am Abend des 9. sah das Oberkommando somit die
Kolonnen der Armee in vollem Fluß, und am 10. begannen
die Neuordnungen der kleineren Verbände, nach denen die
der größeren noch am 10. einsetzen sollten. Der Feind folgte
zunächst nicht, später nur zögernd, vermutlich infolge Er=
schöpfung der Armee Maunoury, seiner zerrütteten Verbände
und in Erwartung unliebsamer Überraschungen seitens des
Gegners. Daß diese Einschätzung vom Zustand der 6. fran=
zösischen Armee zutreffend gewesen ist, beweist eine späterhin
vom französischen Generalstab den Pressevertretern über=
gebene amtliche Schilderung der Kriegsereignisse, die hier
folgen möge. In dieser heißt es, nach Wiedergabe in der
„Kölnischen Zeitung" vom 6. Dezember 1914, Nr. 1323:

„Am Abend des 8. September wurde es klar, daß unsere
Bewegungen nach Osten mißlungen waren. Anstatt den

rechten deutſchen Flügel zu umgehen, mußte Maunoury
darauf bedacht ſein, nicht ſelber eingekreiſt zu werden. Um
dem zu entrinnen, bot er auf ſeinem linken Flügel bei Nan=
teuil le Haudouin alle noch zur Verfügung ſtehenden Truppen
des 4. Korps auf; dieſe Abteilungen wurden auf der Eiſen=
bahn, durch Kraftwagen, zum Teil in den in Paris eingefor=
derten Kraftdroſchken und durch Fußmarſch herangezogen.
Überdies hatte ſich die Lage weiterhin verſchlimmert. Deutſche
Truppen wurden auf der Straße von Nanteuil nach Senlis
gemeldet, und zwar bei Baron; das heißt: ſie bedrohten den
Rückzug nach Paris. Am Spätnachmittag des 9. September
mußte unſer 4. Korps in der Gegend von Nanteuil zurück,
und man fragte ſich ſchon, wie die Lage am anderen Morgen
ſein würde. Indes erſuchte der Oberbefehlshaber, um jeden
Preis ſtandzuhalten, damit der Erfolg von dem Schlachtfeld
an der Marne nicht verloren ginge.“

Man erſieht hieraus in welch ernſter Weiſe die Erfolge
der I. Armee am Ourcq von der franzöſiſchen Heeresleitung
eingeſchätzt wurden, und ferner, daß eine deutſche Reſerve=
ſtaffel von vier bis ſechs Diviſionen zum Zuſammenbruch des
linken franzöſiſchen Heeresflügels führen mußte und damit
zu einer Wendung in der Geſamtlage des rechten deutſchen
Heeresflügels führen konnte.

Mit jener Schilderung über Verfaſſung und Lage der
Armee Maunoury ſteht des letzteren Tagesbefehl nach der
fünftägigen Ourcqſchlacht teilweiſe in merkbarem Wider=
ſpruch: „Die 6. Armee hat fünf volle Tage lang ohne
Unterbrechung oder Ruhe ſich gegen einen zahlreichen Feind
geſchlagen, deſſen Mut durch ſeine bisherigen Erfolge noch
beſonders gehoben war. Der Kampf war hart; die blutigen
Verluſte, die Anſtrengungen und Entbehrungen an Ruhe und
auch an Verpflegung haben jede Vorſtellung überſtiegen. Ihr

habt alles ertragen mit einer Kraft, Festigkeit und Ausdauer,
daß Worte nicht ausreichen, sie würdig zu feiern. Kamera-
den, der Oberbefehlshaber hat von Euch im Namen des
Vaterlandes verlangt, mehr als Eure Pflicht zu tun. Ihr
habt sie bis über die Grenzen der Möglichkeit erfüllt. Dank
Eurer Tapferkeit kränzt der Sieg unsere Fahnen. Jetzt, da
Ihr diese herrliche Genugtuung kennt, haltet ihn fest. Wenn
ich etwas hierzu beigetragen habe, fühle ich mich durch die
größte Ehre belohnt, die mir in einer langen Laufbahn zuteil
werden konnte: Helden zu führen wie Euch. Mit inniger
Rührung spreche ich Euch meinen Dank für Eure Leistungen
aus, denn ich danke Euch das, wohin seit 44 Jahren alle
meine Bemühungen und Kräfte zielten: Rache für 1870. Dank
Euch und Ehre allen Kämpfern der 6. Armee."

Barais Deltour sagt am Schluß einer Betrachtung über
die Marneschlacht: "Das Wort Sieg wagte niemand auszu-
sprechen, und es wurde erst Monate später für die Schlacht
an der Marne erfunden."

Im Laufe des 10. September kam der Abmarsch der
Armee mit dem Gros der Marschgruppen im Abschnitt nördlich des Waldgeländes von Villers-Cotterets zum Verhalten,
während deren Nachhuten südlich der Wälder in der unge-
fähren Linie östlich Crépy en Valois—Grumilly, dieses nördlich des oberen Ourcq, stehen blieben. Das Eintauchen der
großen Kolonnen der Armee in die Waldzone mußte dem
Gegner Erkundungen über den Verbleib der Massen erschweren. Kavalleriekorps Marwitz deckte mit der Brigade
Kraewel die linke Armeeflanke und stand am Abend im Gelände des oberen Crisebaches bei Soissons, die Reservebrigade
Lepel und Landwehrbrigade Schulenburg schützten die rechte
Flanke um Compiègne, und die 4. Kavallerie-Division besetzte
auftragsgemäß die Aisnebrücken von Attichy bis Soissons.

Das Armee-Oberkommando begab sich nach Coeuvres et Valsery, wohin die Chefs aller Korps berufen wurden, um die Bewegungen zum Einrenken der Korpsverbände, zur seitlichen Schiebung von Truppen, für den weiteren Abschub der Trains über die Aisne hinaus, dann Verpflegungs-, Munitions- und Unterkunftsfragen der Regelung zu unterziehen.

Der Rückmarsch ging in seinen Grundzügen reibungslos vonstatten. Die naturgemäß stark angestrengten Kolonnen und Trains bedurften gelegentlich fördernder Weisungen und des Antriebes. Der Feind drängte im Sinne dieses Wortes überhaupt nicht nach; er hatte offenbar die Fortsetzung der Schlacht am 9. und 10. September erwartet und fand sich verspätet in die neu eintretende Lage. Nur beim Kavalleriekorps und den ihm unterstellten Truppen, deren Bewegungen sich verlangsamten, weil die von ihnen benützten Straßen durch vorausmarschierende Bagagen und Trains vorwiegend beengt waren, entwickelten sich Nachhutkämpfe mit starker feindlicher, vermutlich englischer Kavallerie: auch hier erfolgte die Loslösung vom Gegner ohne Schaden.

Der 11. September. Am Abend des 10. September gab der Oberbefehlshaber aus Coeuvres et Valsery durch Armeebefehl von 10 Uhr 30 folgendes Bild der Lage zwischen oberem Ourcq—Aisne und Oise—Marne sowie die weiteren Aufgaben und Absichten der Armee. Dieser Befehl stellt, wie hier nachzuweisen ist, eine allgemeine Entlastung der noch im Gruppenverhältnis befindlichen I. Armee auf dem westlichen Heeresflügel dar und läßt die Anfänge geregelter Einfügung der Divisionen in ihre Korpsverbände erkennen, indessen Trains und Kolonnen die Nordhöhen der Aisne in sich regelnder Gliederung erstiegen, um die Flußübergänge für die kämpfenden Truppen freizumachen:

„1. Der Gegner ist nach Fliegermeldungen am Nach=
mittag mit starken Kräften aller Waffen auf Neuilly St.
Front und Chézy en Orxois gefolgt. Kleinere Kolonnen
wurden in Gegend Coulombs, Vendrest, Ocquerre beob=
achtet. Starke feindliche Kavallerie mit zahlreicher Artillerie
hat in Gegend Billy und später weiter nordöstlich mit Teilen
des linken Armeeflügels und dem Kavalleriekorps in Gefecht
gestanden. Aus der Gegend westlich des unteren Ourcq
fehlen Fliegermeldungen. Eine französische Kürassier=Brigade
mit Artillerie zeigte sich auf dem westlichen Flügel der Armee.
Reservebrigade Lepel ist gestern nach siegreichem Gefecht in
Gegend Rully vor Überlegenheit auf Verberie zurückgegan=
gen. — Die II. Armee geht beiderseits Reims hinter den
Vesle=Abschnitt zurück.

„2. Die I. Armee überschreitet morgen die Aisne bei
Soissons und westlich unter Belassung starker Nachhuten auf
dem südlichen Ufer und beginnt mit der Ordnung ihrer Ver=
bände.

„3. Vor dem linken Armeeflügel v. Linsingen bricht die
7. Reserve=Division und 22. Reserve=Division um 5 Uhr vor=
mittags auf und geht bei Fontenoy und Pommiers über die
Aisne. Das IV. Reservekorps sammelt sich südlich Nouvron.
Es beziehen befestigte Nachhutstellungen, um 5 Uhr vor=
mittags aufbrechend, die 5. Infanterie=Division mit Brigade
Kraewel und dem schweren Haubitz=Bataillon III. Armee=
korps zwischen Belleu—Billy; die 3. Infanterie=Division
zwischen Saconin et Breuil und dem Grisebach=Abschnitt;
8. Infanterie=Division von nordöstlich Laversine bis Saconin
et Breuil.

„4. Von der Gruppe des Generals Sixt v. Armin geht die
7. Infanterie=Division im Anschluß an die 8. in Gegend west=
lich Laversine in Nachhutstellung. Die 4. Infanterie=Division

rückt, um 5 Uhr vormittags aufbrechend, von Vivières über
Ressons le Long—Fontenoy in Gegend Pasly und ruht dort.

„5. Von der Gruppe des Generals v. Quast geht die
6. Infanterie-Division, um 5 Uhr vormittags marschierend,
über Attichy—Bitry—Rivières—Tartiers—Chavigny—Cuffies nach Crouy nordöstlich Soissons. Sie rastet in Gegend
Tartiers, bis das Gelände östlich dieses Orts von Kolonnen und
Trains frei ist. Das IX. Armeekorps geht mit einer Division
bei Verneuil über die Aisne und verbleibt hier, die andere
Division zunächst in Gegend Guise-Lamotte.

„6. Das Kavalleriekorps deckt linke Flanke der Armee bei
Acy—Serches und verhindert ein Herumgreifen der feindlichen Kavallerie über Soissons gegen Rücken und Verbindungen der Armee. Die 4. Kavallerie-Division sichert die
rechte Flanke der Armee vorwärts des IX. Armeekorps am
Walde von Compiègne.

„7. Armeehauptquartier morgen Fontenoy; Befehlsempfänger 6 Uhr nachmittags.

„8. Die Bewegungen der Kolonnen und Trains werden
morgen durch Oberst v. Berendt vom Armee-Oberkommando
nach besonderer Anweisung geregelt. Sämtliche Komman-
deure der Munitionskolonnen und Trains melden sich morgen 6 Uhr vormittags bei Oberst v. Berendt am Ausgange
von Soissons nach Coucy le Château.

„9. Nach Beendigung der morgigen Bewegung geht die
Befehlsführung an die Kommandierenden Generale über.”

Der hohen Arbeitskraft der Führer, des Generalstabes
der Armee wie der Armeekorps war die reibungslose Bewegung der Armee und die Einfügung der Divisionen und
anderer Truppenteile in ihre Verbände zu danken.

Vor Aufbruch des Armee-Oberkommandos aus La Ferté
Milon hatte der Oberbefehlshaber Seiner Majestät dem

Kaiser den Schlachterfolg der I. Armee am Ourcq, die im
Beginn befindliche Loslösung der Armee vom Feinde, den
Abmarsch zur unteren Aisne und die Deckung der rechten
Flanke der II. Armee durch die I. gemeldet. Inzwischen war
am frühen Morgen des 10. September ein Funkspruch der
Obersten Heeresleitung mit Abgang 2 Uhr 30 vormittags eingetroffen: „II. Armee ist hinter Marne, rechter Flügel Dormans zurückgegangen. I. Armee stellt sich rückwärts gestaffelt bereit. Umfassung des rechten Flügels II. Armee ist
durch Angriff zu verhindern." Gegen 9 Uhr vormittags
wurde diese Weisung ergänzt: „Kampf auf ganzer Linie
günstig. Sicherung rechter Flanke der II. Armee durch Eingreifen I. Armee unbedingt erforderlich." Nach Eintreffen
des Oberkommandos in Coeuvres et Valsery ging die Mitteilung ein, daß die I. Armee bis auf weiteres dem Oberbefehlshaber der II. Armee unterstellt sei. Im Hinblick auf
diese Befehle fragte das Armee-Oberkommando der II. Armee
3 Uhr 35 nachmittags an, wann die I. Armee zu neuer Offensive bereit sei. Wie aus dem obigen Armeebefehl aus
Coeuvres et Valsery hervorgeht, konnte eine sofortige Offensive nicht in Frage kommen. Der Oberbefehlshaber entschloß
sich daher, die Armee mit allen ihren Verbänden zunächst auf
das Nordufer der Aisne zu führen und erst hier zu neuem
Angriff bereitzustellen, nachdem eine abschließende Ordnung
der Korpsverbände und eine Ergänzung der notwendigsten
Kampfbedürfnisse erfolgt war. Frühestens am 12. könne die
I. Armee zu anderweitiger Verwendung bereit sein.

Das Armee-Oberkommando teilte noch am Abend des
10. mit, daß die II. Armee am 12. hinter die Aisne zurückgehen werde mit dem linken Flügel Thuizy südöstlich Reims,
die III. in die Linie Mourmelon le Petit—Francheville, die
IV. hinter den Rhein—Marne-Kanal bis Revigny.

Aisne-Übergang.

Am 11. September vollziehen sich die zum Überschreiten der Aisne und Ordnen der Korpsverbände befohlenen Bewegungen ohne erkennbare Störung durch den Feind. Am Abend steht eine Division des IX. Armeekorps nördlich der Aisne bei Berneuil, das IV. Reservekorps ohne seine Brigade Lepel bei Nouvron, 4. Infanterie-Division um Pasly nordwestlich Soissons, 6. bei Tartiers östlich Nouvron. Südlich der Aisne in verstärkten Stellungen ein halbes IX. Armeekorps, IV., 3. und 5. Infanterie-Division auf der Linie Guise-Lamotte—Laversine—Saconin et Breuil—Billy. Beim IV. Armeekorps überzeugte sich der Oberbefehlshaber von dessen stets zweckmäßiger Kampfgliederung, ferner im Aisnetal bei Pommiers unterstrom Soissons von dem vorzüglich geordneten Übergang der 22. Reserve-Division. Nichts von Unruhe, durchweg die stets bewährte Unternehmungslust trotz Ruhebedürfnis! Armeehauptquartier Fontenoy. Der Schutz beider Armeeflanken lag in sicheren Händen. Der Abschub von Trains ging geordnet vonstatten. Erst am Abend traf der Feind mit Vorhuten vor der starken Front ein. Kanonenschüsse ohne ernstere Gefechte schlossen sich an.

Am 11. September morgens war ein Befehl des Oberbefehlshabers der II. Armee dieses Inhalts eingegangen: „II. Armee gewinnt am 12. 9. Vesle-Abschnitt zu beiden Seiten von Reims. Die I. Armee geht am 11. 9. noch hinter die Aisne zurück und zieht sich am 12. und 13. unter dem Schutz des Aisne-Abschnitts bis in Höhe des rechten Flügels der II. Armee heran. Der Vesle-Abschnitt bei Braisne und Fismes wird von der II. Armee durch je eine gemischte Brigade vom 11. 9. früh abgesperrt." Nach späteren Mitteilungen geht der rechte Flügel der II. Armee nach Chalons sur Vesle. Die 13. Infanterie-Division bleibt bei Braisne

und Fismes, Kavalleriekorps I weiter südlich. Der Feind
folgt dem rechten Flügel der II. Armee bis Ville en Tarde-
nois. Von der VII. Armee ist nach einer Mitteilung des
Generalkommandos das XV. Armeekorps in Antransport
nach St. Quentin und das Eintreffen der letzten fechtenden
Truppen am 13. 9. zu erwarten. Zehn Tage früher bei
Soissons dürften die Sachlage wesentlich zugunsten des rechten
Heeresflügels und der Gesamtlage gestaltet haben.

Bereitstellung der I. Armee nördlich der Aisne.

Der Armeebefehl vom 11. September, 8 Uhr abends, aus
Fontenoy benachrichtigte die Armee über das Erscheinen
feindlicher Vorhuten vor der Front, Beschießung von Compiègne durch Teile der Armee Maunoury, Eintreffen der
13. Infanterie-Division in Braisne—Fismes, der II. Armee
beiderseits Reims am Vesle-Abschnitt und sagt weiterhin:

„3. Die I. Armee stellt sich morgen nördlich der Aisne
bereit.

„4. Die südlich der Aisne befindlichen Teile der Armee
rücken, um 2 Uhr vormittags aufbrechend, auf das nördliche
Ufer unter Deckung des Abmarsches gegen den Feind. Aufnahmestellungen sind auf dem nördlichen Ufer durch die heute
dort stehenden Divisionen einzunehmen; schwere Artillerie
auf dem Norduser. Die Aufnahmestellungen für das IV. Armeekorps übernimmt das IV. Reservekorps auf den Höhen
von Nouvron und Vaug; sie sind mit Tagesanbruch einzunehmen. Alle südlich der Aisne befindlichen Trains und Bagagen sind auf den zugewiesenen Marschstraßen, siehe Ziffer 5,
sogleich vorauszusenden. An Engen, Ortschaften, Brücken
sind Offiziere aufzustellen, die für den reibungslosen Abfluß
der Bagagen und Trains die Verantwortung tragen.

„5. Marschstraßen: 5. Infanterie-Division des III. Ar-

meekorps mit Brigade Kraewel, des IX. über Benizel nach
den Höhen von Condé. 6. Infanterie-Division von Tartiers
über Vieuzy—Vagneux—Juvigny—Terny Sorny bis Nan-
teuil la Fosse. 3. Infanterie-Division II. Armeekorps über
Soissons bis zu den Höhen von Crouy und Bucy le Long.
Soissons ist festzuhalten. Der Weg über Vaux gehört dem
IV. Armeekorps. Die 4. Infanterie-Division steht auf den
Höhen von Pasly bereit. Die 8. Infanterie-Division des
IV. Armeekorps über Pernant und über Mercin et Vaux nach
Pommiers mit zwei Brücken bis nördlich Juvigny. 7. In-
fanterie-Division Ambleny—Fontenoy bis Gegend südlich
Tartiers. Die 17. Infanterie-Division des IX. Armeekorps
steht auf den Höhen von Attichy—Bitry; die 18. marschiert
über Attichy und Vic bis Autrêches und nördlich. Reserve-
Brigade Lepel von Compiègne bis Rampcel.

"6. General v. der Marwitz mit 2. und 9. Kavallerie-
Division fällt die weitere Sicherung des linken Armeeflügels
zu; er hält Verbindung mit der Brigade des VII. Armeekorps
bei Braisne. Die 4. Kavallerie-Division sichert den rechten
Armeeflügel in Anlehnung an das IX. Armeekorps.

"7. Die den Armeekorps zugewiesenen Übergänge über
die Aisne sind von ihnen zur Zerstörung vorzubereiten und
nach dem Übergang besetzt zu halten, im Falle feindlichen
Nachdrängens zu zerstören. Die Kriegsbrücken sind nach
dem Übergang abzubrechen. — Armeehauptquartier in Juvigny, wohin 6. Infanterie-Division eine Bedeckungs-Kom-
pagnie stellt. Befehlsempfänger 6 Uhr nachmittags. Ich befinde mich von 6 Uhr 30 vormittags ab bei Nouvron.
(gez.) v. Kluck."

Nach Abschluß dieser Heeresbewegung hatte die Armee
in drei großen Schritten innerhalb dreier Tage vom 9. bis
12. September unter Gefechtsloslösung, Wiederherstellung

10*

der Verbände, Schiebung in nordöstlicher Richtung, die Kampffühlung mit der II. Armee erreicht. Der Riß zwischen beiden Armeen war notdürftig geschlossen. Nachzutragen ist die Bewegung der Staffeln, die im Abzuge von Grand Morin bis an die Ailette ersichtlich in ihre Kriegserfahrung hineingewachsen waren und ein schweres Stück physischer und seelischer Leistungen rühmlich und hingebungsvoll ein= schließlich aller Trains, Kolonnen und Bagagen geleistet hatten:

1. Staffel des III. Armeekorps von Terny Sorny über Margival nach Chavignon; 2. von Leuilly über Vauxail= lon—Anicy le Château nach Chaillevois.

Des II. Armeekorps 1. Staffel von Juvigny über Leuilly nach Vauxaillon, 2. von Crécy au Mont über Landricourt nach Brancourt. 2. Staffel des III. Armeekorps hat Leuilly bis 10 Uhr vormittags geräumt. 1. Staffel des II. darf Leuilly erst von 10 Uhr 30 vormittags durchschreiten.

Vom IV. Armeekorps 1. Staffel von Vezaponin nach Crézy au Mont, 2. von Troisly Loire nach Coucy le Château. Die Staffeln des IV. Reservekorps bleiben stehen. I. Staffel des IX. Armeekorps von Nampcel nach Audignicourt, 2. von Blérancourt nach Saint Paul aux Bois.

Wie bei der Bewegung der Truppenkolonnen kommt auch bei den Staffeln der Abfluß in nordöstlicher Richtung zur Geltung. Beide nähern sich dem Bereich der II. Armee.

Angriff der Armeen Maunoury und French über die Aisne.

Laut Meldungen sind am Morgen des 12. September aus der Umgegend Hartennes und Fère en Tardenois, am oberen Ourcq, stärkere Kolonnen nordwärts im Vormarsch, offenbar die in Massen schwerer beweglichen Engländer. Schwächere Kräfte bei Mortfontaine—Coeuvres et Valsery und aus der Gegend von Villers-Cotterets von der Armee Maunoury nach Norden im Vormarsch. Die rechte Armee- flanke auf dem westlichen Oiseufer im Gelände Roye—Mon- didier—Noyon ist vom Feinde frei. Im Laufe des Nach- mittags näherte sich der Feind der Aisne und entwickelte bis zum Nachmittag auf der ganzen Armeefront, besonders dem IX. Armeekorps gegenüber, starke Artillerie. Mit einem ernsten feindlichen Angriff war um so mehr zu rechnen, als den Generalen Maunoury und French daran liegen mußte, die I. Armee noch vor dem Eintreffen der deutschen Ver- stärkungen zu schlagen. Um 1 Uhr nachmittags erging der Befehl: „Die Armee behauptet sich in ihren Stellungen. Das IX. Armeekorps hat Anweisung erhalten, aus dem Gelände von Nampcel—Audignicourt—Autrêches die rechte Armee- flanke zu decken.

Abschnittseinteilung:

IV. Reservekorps Höhen bei Nouvron;

IV. Armeekorps Höhen bei Cuisy en Almont bis Höhen von Pasly, beides einschließlich;

 II. Armeekorps von Cuffies bis zum Abschnitt von Chivres;

III. Armeekorps Höhen nördlich Condé, eine Division zu- rückgehalten;

Kavalleriekorps Marwitz Bailly.“

Die Stellungen waren stark, die rechte Flanke gesichert, der linke Flügel konnte gemäß befohlener Gliederung des III. Armeekorps von diesem und der Kavallerie Marwitz nach Osten ausgedehnt werden, um dem in eilendem Anmarsch über Laon befindlichen VII. Reservekorps auf dem rechten Flügel der II. Armee die Hand zu reichen. Das Gelände des Nordufers ist stark bewegt, das des Südufers um ein Ge- ringes weniger. Steile, reich gegliederte und bewaldete

Hänge bieten beschränkteres und nach den noch derzeit vor=
herrschenden Anschauungen unzureichendes Schußfeld zur
Feindseite. An vielen Stellen verzichteten die Armeekorps
darauf, die Aisne unmittelbar unter Infanteriefeuer zu hal=
ten, und zogen weiter nördlich Stellungen auf den Hoch=
flächen mit weitem Schußfeld vor.

General French äußert sich in seinem Bericht vom 8. Ok=
tober 1914 über die Aisne=Stellung der I. Armee folgender=
maßen: „Die Stellung, die der Feind innehielt, war sehr
stark, sowohl im Hinblick auf die Möglichkeit, unseren Vor=
marsch aufzuhalten, als auch eine Defensivschlacht zu schlagen.
Eine ihrer hauptsächlichsten Eigentümlichkeiten war, daß man
von der höchsten Erhebung auf der einen Seite die auf der
anderen Seite nicht einsehen konnte. Es lag dies hauptsäch=
lich an den Waldparzellen der Abhänge. Ein anderer sehr
wesentlicher Faktor war, daß sämtliche Brücken unter direk=
tem oder indirektem Artilleriefeuer lagen. Das ganze Ge=
lände nördlich der Aisne bietet gute Gelegenheit zur ver=
deckten Aufstellung von Truppen, was vom Feinde sehr ge=
schickt ausgenutzt wurde. Wir konnten daher weder fest=
stellen, in welcher Stärke er sich dort befand, noch nach
welchen Gesichtspunkten er den Übergang unserer Truppen
über den Fluß zu vereiteln suchte. Ich habe jedoch Grund
anzunehmen, daß starke Nachhuttruppen von mindestens drei
Armeekorps die Übergänge am frühen Morgen des 13. besetzt
hielten."

Schon gegen 5 Uhr nachmittags des 12. war es dem
Feinde, Franzosen wie Engländern, möglich geworden, mit
Infanterie die Aisne in der Linie Attichy—Soissons zu über=
schreiten; weiter östlich jedoch trat er nur mit Kavallerie auf.
In diesen Stunden ging vom Armee=Oberkommando II der
Befehl ein: „Feind hat unter Zurückdrängung rechter Flügel=

division Vesle überschritten und Höhen von St. Thierry ge=
wonnen. I. Armee entsendet noch heute möglichst starke
Kräfte gegen Rücken des Feindes, Richtung St. Thierry.
Rest der Armee deckt diese Bewegung in rechter Flanke. So=
fortige Meldung, was veranlaßt." — Ein solches Vorgehen
der I. Armee in Richtung St. Thierry war um so weniger
möglich, als inzwischen auch die vorgeschobene 13. Infanterie=
Division der II. Armee vor starkem Feinde mit dem rechten
Flügel auf Bourg et Conun auswich. Die I. Armee konnte
nur den Kampf in der besetzten Stellung annehmen oder
unter Aufgabe der starken Aisne=Linie weiter in nördlicher
Richtung zurückgehen. Die zwischen der II. und I. Armee
entstehende Lücke mußte durch Teile der im Anmarsch be=
findlichen VII. Armee geschlossen werden, wie denn deren
Anfänge schon am 13. südlich Laon eintrafen. Dem Armee=
Oberkommando II wurde daher um 8 Uhr 50 abends ge=
meldet: „I. Armee auf Linie Attichy—Soissons stark an=
gegriffen; sie erwartet morgen Schlacht. Hält nördliches
Aisneufer Attichy—Condé. Kann linken Flügel noch ver=
längern, Vorgehen Richtung St. Thierry aber unmöglich."

Mit dem 12. September setzte der Stellungskampf der
I. Armee an der Aisne ein. Ehe die bisherigen, nur umrisse=
nen Beiträge zur Strategie der Armee ihren vorläufigen Ab=
schluß finden, erscheint es zweckdienlich, die Überleitung in
den Stellungskrieg an Hand der gefaßten Entschlüsse und ge=
gebenen Befehle niederzulegen und damit den Nachweis zu
führen, daß die I. Armee berufen wurde, durch ihre mehr=
tägige Schlacht an der Aisne einen Grundpfeiler aufzurichten
für den kommenden Aufbau der deutschen Westfront von der
Aisne bis zur Yser. Auch eine Denkschrift des Oberkomman=
dos an das der II. Armee soll im Auszuge beigefügt werden.

Rückblicke.

Aus dem nunmehrigen, der Kampffront nächstgelegenen
Hauptquartier Juvigny, hinter der Artilleriefront des IV. Ar=
meekorps, wird durch Armeebefehl vom Abend des 12. mit=
geteilt, daß es dem Gegner gelungen sei, vor dem rechten
Flügel des IV. Reservekorps die Aisne zu überschreiten,
ferner daß die Truppen des VII. Armeekorps um Braisne
auf Bailly zurückgingen. Die I. Armee habe ihre Stellungen
zu behaupten und zu verstärken. Das IV. Armeekorps solle
das IV. Reservekorps durch die schwere Artillerie aus dem
Gelände nordöstlich Nouvron unter Vereinbarung mit diesem
Korps unterstützen; das IX. Armeekorps von den Höhen
westlich von Morsain durch flankierendes Feuer. Die Aufgabe
des III. Armeekorps sei, eine Umfassung des linken Armee=
flügels in Verbindung mit dem II. und I. Kavalleriekorps
zu verhindern. Brigade Lepel solle von Compiègne her auf
dem nördlichen Aisneufer in Richtung Attichy angreifen, die
10. Landwehr=Brigade von Ribécourt ebendahin. Beide
Brigaden seien dem IX. Armeekorps unterstellt. Die mehr
oder minder starke Entblößung des schluchtenreichen nörd=
lichen Aisneufers sollte derart nach dem Willen des Ober=
kommandos eine gewisse Abänderung erfahren. Nach dem
jetzigen Stand der Infanteriebewaffnung wäre es zweckmäßig
gewesen, beim Überschreiten der Aisne am 11. einen starken
Schleier neuzeitlicher leichterer Maschinengewehre mit ihren
kleinen Besatzungen in den Schluchtnestern der Hänge zu be=
lassen. Einige Hundert dieser wirksamen Waffe hätten Über=
gangsversuche des Gegners in den Anfängen zum Stehen
und weiterhin Zeit gebracht, um je nach den Absichten den
Widerstand durch Verstärkungen zu vertiefen. Auch einzelne
Geschütze und Grabenmörser konnten am Platze sein.

Trotz oben erwähnter Maßnahmen drängte der unter=
nehmende Gegner im Laufe des 13. bei Attichy und Vic mit
Infanterie und Artillerie auf das Nordufer, und vor der
Front des IV. Reservekorps setzten wiederholt französische
Angriffe ein. Dem IX. und IV. Reservekorps wurde daher
aufgegeben, den Feind bis an den vorderen Höhenrand der
Aisne zurückzuwerfen. „Das IV. Armeekorps wird den An=
griff nach Kräften unterstützen und dem IV. Reservekorps ein
Infanterie=Regiment und eine Abteilung Feldartillerie von
Tartiers nach Nouvron zuführen. Der Gefechtsstreifen für
letzteres Korps ist schmäler zu gestalten, rechts auf Hors
nordwestlich Roche, links Ostrand von Fontenoy."

Am 14. abends wiederholte das Oberkommando den
Befehl, die Verstärkungen der unbedingt zu haltenden Stel=
lungen fortzusetzen. Gegenangriffe seien unter besonders
günstigen Umständen und unter Vereinbarung mit den Nach=
barkorps zulässig mit tunlichster Meldung an das Oberkom=
mando in Juvigny. Auf dem linken Armeeflügel gehe das
III. Armeekorps von östlich Condé, anschließend das VII. Re=
servekorps und die Hälfte des XV. Armeekorps der
VII. Armee in südlicher Richtung zum Angriff vor. Eine
Mörser=Batterie und eine 10 cm=Kanonen=Batterie unter
Leitung des Oberst v. Berendt ständen zur Verfügung des
II. Armeekorps, um dieses und das III. Armeekorps zu
unterstützen.

Am Abend des 15. September konnte der I. Armee aus
dem mehr rückwärts verlegten Hauptquartier Vauxaillon
mitgeteilt werden, daß ihre Stellungen auf der ganzen Front
gehalten seien. Die VII. Armee habe sich mit ihrem VII. Re=
servekorps bei Bray en Laonnois gegen Überlegenheit be=
hauptet, östlich von diesem ständen das XV. und XII. Armee=
korps in erfolgreichem Gefecht. Das VII. Reservekorps setze

am 16. seinen Angriff fort, unterstützt vom III. Armeekorps.
Das rechtzeitige, kraftvolle Eingreifen des über Laon mit
Gewaltmärschen eingetroffenen VII. Reservekorps, unter
Führung des Generals v. Zwehl, an sehr gefährdeter Stelle
der Aisne=Front, wird in der Geschichte der vieltägigen,
krisenreichen Schlacht eine bedeutungsvolle Beleuchtung
finden.

Dann war die höchst erwünschte Tatsache bekannt zu
geben, daß auf dem rechten Flügel der I. Armee das IX. Re=
servekorps der VII. Armee mit seinen Anfängen am Nach=
mittag in Pontoise eingetroffen sei; es werde am 16. im Ver=
ein mit dem IX. Armeekorps den feindlichen linken Flügel
zurückwerfen. Die 4. Kavallerie=Division decke im Rücken
der Armee die Brücken von Chauny, Condren und Quierzy.

Man stelle sich ein Eintreffen der genannten drei in die
Front des westlichen Heeresflügels einrückenden Armeekorps
zehn Tage früher an der Marne vor!

Mit jenen Ereignissen vollzog sich endlich ein Ausgleich
im Mißverhältnis der beiderseitigen Streitkräfte und mit
dem Abflauen der vieltägigen Schlacht an der Aisne der end=
gültige Übergang in den Stellungskrieg, der alsbald das
Gepräge hartnäckigsten Belagerungskrieges mit seinen steti=
gen Wandlungen von Ruhe und Kampf bei nie unter=
brochenen Artilleriegefechten annehmen sollte. Die erforder=
lichen weitschichtigen Arbeiten für Ausbau der Stellungen in
mehrfachen Abschnitten mit Stützpunkten behufs gegenseitiger
Unterstützung in der Abwehr und in Gegenangriffen,
dauernde Ausschaltung beweglicher Reserven, besonders nach
Abgabe des IV. und II. Armeekorps, Bau von ober= und
unterirdischen Unterkunftsräumen für Mann und Pferd,
Ausbau verbrauchter Wege, weitgreifende Fürsorge hinsicht=
lich Gesundheitspflege und Ernährung der Armee, Ergän=
zung der Frontstärken, der Munition, Beschaffung schwerer

Festungsgeschütze, Regelung des Verbindungs= und Ver=
kehrswesens hinter der Front und zahlreiche sonstige wich=
tigste Arbeiten setzten ein.

Vorsorglich leiteten die Armeekorps mit dem Wachsen
der Stärke ihrer Feldwerke geregelte Ablösungen der vorn
wachenden und fechtenden Truppen ein. Unter der weit=
schauenden Leitung des Generals der Pioniere, Generalleut=
nants Telle, standen die unermüdlichen Pioniertruppen
der Infanterie in ihrer Spatenarbeit bei und lösten die ge=
fährlichsten Aufträge im ober= und unterirdischen Graben=
krieg, anschließend im Minenkrieg, mit der ganzen Hingabe
dieser vorzüglichen Truppe. Pionierdepots wuchsen aus dem
Boden. Die Artillerie mit ihrer vollgereiften Kriegserfah=
rung half der Infanterie trotz eigener Munitionsknappheit
nach Möglichkeit auf, bis auch diese Krise überwunden war
und die Armee an die Durchführung ihrer größeren Unter=
nehmungen — Bailly und Soissons — herantreten konnte.
Die Etappe, wie bisher unter Generalleutnant v. Bertrab,
steigerte ihre Tätigkeit auf das höchste.

Jetzt endlich, nach Abschluß der Aisne=Schlacht, ge=
währten die Kriegsumstände den Armeekorps mit ihren nie=
mals versagenden Söhnen Holsteins, der Mark, Pommerns,
Sachsens, Schleswigs eine überreichlich verdiente Nervenent=
lastung und zeitweises Erholen, indessen die Marwitzschen
Reiter unter Befehl berühmter Führer nach Norden eilten,
und Armeen aus Lothringen den Nordflügel des deutschen
Westheeres für einen Zeitraum von Jahren vom Artois und
Flandern bis zur Küste in blutigem Boden verankerten: die
Grundlage für eine erfolgreiche Kriegführung im Osten und
Vorbedingung notwendiger dereinstiger Offensive gegen beide
Feinde im Westen.

Seit dem Abmarsch aus dem Aufmarschgebiet zwischen
Rhein und Westgrenze nördlich Aachen bis zum Eintreffen

am Grand Morin öftlich Paris hatte die I. Armee mit den Spitzen, Vorhuten und Maffen an der Mehrzahl der Tage kämpfend, einen Raum von über 500 km und im Anfchluß bis zur Aisne einen folchen von weit über 600 km in wech= felnder Gliederung ohne Ruhetag in rund 30 Tagen zurück= gelegt. Führernamen, wie die der Generale Gronau, Kuhl, Linfingen, Lochow, Marwiß, Sixt v. Armin, Quaft, waren glänzend hervorgetreten; ihre Erfahrungen in der Führung nicht zu übertreffender Truppen beriefen fie im Laufe der kommenden Jahre an die Spiße von Armeen, Armeegruppen und in die Cheffftellungen entfcheidender Kampffronten.

In den Septemberkämpfen war der taktifche Erfolg bei weitem auf feiten des deutfchen Weftheeres, der ftrategifche bedingt beim Gegner, indem er die deutfche Heeresleitung veranlaffen konnte, eine durchgreifende anderweitige Grup= pierung des Weftheeres vorzunehmen. Die tapfere 6. fran= zöfifche Armee Maunoury, vom General Galliéni am 4. Sep= tember zum Stoß gegen die I. Armee angefeßt, hatte im Verein mit der Armee French die anfcheinend leichtere Auf= gabe zu löfen, indeffen die Armeekorps der I. Armee mit Aufbietung höchftgefpannter Manövrierfähigkeit eine folche durchzuführen berufen waren, deren Verwicklungen und Schwierigkeiten die Gefchichte großer Kriege nur felten lehrt.

Kriegszufälle. Durch nicht aufgeklärte mißliche Umftände des Krieges war die Zügelführung der Oberften Heeresleitung dem weftlichften Heeresflügel gegenüber ge= lockert. Auch die aktenmäßige Darftellung der September= angriffe auf dem weftlichen deutfchen Heeresflügel läßt dies ebenfo erkennen wie der nachftehende Bericht an das Ober= kommando der II. Armee vom 16. September aus Vauxail= lon, deffen erfte Säße fchon die Gefahren klarftellen, denen fich die I. Armee nach ihrem ausholenden Schlage gegen die Armee Maunoury durch rechtzeitigen Abmarfch zur Aisne entzog:

„Aus dem Funkspruch der Obersten Heeresleitung, ab Luxemburg 15. September, 11 Uhr 55 abends, an Armee-Oberkommando II geht hervor, daß bereits früher ein Befehl gegeben sein muß, wonach die I. Armee »sich gegen Über-raschungen in ihrer rechten Flanke durch entschiedene Staffe-lung zu sichern hatte«. Auch muß am 14. ein Heeresbefehl ergangen sein, wonach »die I. Armee sich gefährlicher feind-licher Flankenwirkung durch Ausweichen in direkt nördlicher Richtung zu entziehen hat«. — Beide Befehle sind hier nicht eingegangen, sondern erst heute morgen durch obengenannten Funkspruch bekannt geworden.

Die I. Armee hat ihre Aufgabe bisher darin gesehen, für Deckung der Flanke des Heeres die Aisne-Stellung zu behaupten. Der rechte Flügel ist bis Gegend Cuts — südlich Noyon — zurückgenommen, der linke steht bei und nordöst-lich Bailly. Nach den bisherigen Anordnungen des Armee-Oberkommandos II sollte der linke Flügel der I. Armee mit möglichst starken Kräften in Richtung Fismes angreifen, um den Erfolg des linken Flügels der VII. Armee auszunutzen. Das III. Armeekorps ist dementsprechend auf dringendes Ersuchen der VII. Armee unter Berufung auf den Befehl des Armee-Oberkommandos II heute aus Gegend Condé—Bailly und nordöstlich im Angriff und in Anlehnung an das VII. Reservekorps begriffen.

Auf der ganzen Front der I. Armee steht starker Feind gegenüber, der abwechselnd an verschiedenen Punkten an-greift. Der zurückgenommene rechte Flügel der Armee, IX. Armeekorps, ist gestern durch eine Umfassung aus Rich-tung Compiègne auf Cuts bedroht worden. Da das der VII. Armee unterstehende IX. Reservekorps bereits von dieser Armee auf Noyon angesetzt war, so ergab sich hieraus die Möglichkeit, die drohende Umfassung durch Zurückdrängen des Feindes zu verhindern. Es sollen heute IX. Armeekorps

und IX. Reservekorps den Feind zurückwerfen, dann aber
der rechte Flügel wieder zurückgenommen und das IX. Re=
servekorps, soweit die I. Armee darüber verfügen kann, nörd=
lich der Aisne gestaffelt aufgestellt werden.

Wenn eine klare Meldung der I. Armee über die Ge=
fährdung der rechten Flanke des Heeres vermißt wird, so ist
zu melden, daß eine solche Klarheit (leider) nicht verschafft
werden kann. Kavallerie= und Luftaufklärung versagten in
den letzten Tagen. Anscheinend ist nur starke französische
Kavallerie nördlich der Oise im Anmarsch, zwei bis drei Di=
visionen. Die nördliche, bisher bekannte, starke Kolonne
aller Waffen ist die von Compiègne auf Noyon marschie=
rende. Das II. Kavalleriekorps ist in Richtung Chauny in
Marsch gesetzt. — Ich bitte um Befehl, ob die Mitte der
Armee die Aisne=Linie behaupten soll oder nicht. Eine Offen=
sive des linken Flügels auf Fismes oder auch nur eine
kräftige Unterstützung des rechten Flügels der VII. Armee
ist nur möglich, wenn die Aisne=Linie behauptet wird. Ein
Ausweichen der I. Armee in »direkt nördlicher Richtung« vor
dem ihr unmittelbar gegenüberstehenden Feinde' gefährdet
VII. und II. Armee außerordentlich. Der bisher von der
I. Armee gebundene starke Feind erhält freie Hand. — Nach
allem halte ich es für zweckmäßig, wenn die I. Armee einst=
weilen die Aisne behauptet, mit dem linken Flügel die
VII. Armee unterstützt, den rechten zurückbiegt und das
IX. Reservekorps nördlich der Oise staffelt, sobald die augen=
blicklich drohende Umfassung zurückgewiesen ist. Soll eine
weitergehende Staffelung befohlen werden, so kann diese nur
durch neue Kräfte oder durch Aufgeben der Aisne=Linie er=
reicht werden, wobei zu beachten ist, daß der I. Armee überall
starker Feind dicht gegenübersteht. Soll dabei die direkt
nördliche Richtung eingehalten werden, so ist dieses mit einer

Offensive des linken Flügels sowie mit der Deckung der Flanke der VII. und II. Armee nicht vereinbar.

v. Kluck."

Vorübergehende Unterstellungen von Armeen unter den Oberbefehlshaber einer benachbarten werden selten strategische wie großtaktische Krisen mindern oder beheben können, wohl aber Eingriffe der Obersten Heeresleitung, im vorliegenden Falle durch Unterordnung der drei Flügelarmeen unter den einen oder rangältesten Oberbefehlshaber mit gleichzeitiger Entbindung von der Führung der eigenen Armee. Wollte man ein solches im Laufe der Kriegsjahre angewendetes Verfahren bei Führung neuzeitlicher Großheere nicht, so erschien es empfehlenswert, wenn der Chef des Generalstabes der Armee zeitweise die Leitung am rechten Heeresflügel im Raume Noyon—Reims im Allerhöchsten Auftrage befehlend selbst übernahm. — Durchgreifende Maßnahmen fesseln das Kriegsglück.

Mit dem Festsetzen der I. Armee auf den Höhen des nördlichen Aisneufers war eine drückend schwere strategische und taktische Last von den Schultern der ruhmvollen Armeekorps und ihrer geistigen Leiter, der hohen wie nachgeordneten, genommen. Die heldenhafte Mannschaft konnte rückblickend ihres weiten Weges sich erinnern voll Kriegsruhm, Mühsal und Entsagung gegenüber hochbewerteten Feinden, mit Bewegung gedenken der auf ungezählten Kampffeldern für Kaiser, Reich und Ehre Gebliebenen, dann der Leiden siecher Kampfgenossen. Unversehrt standen hoher Mut und der Wille zur Pflicht. Die Tat war der Gesamtheit alles gewesen, der Ruhm wenig bewertet.

Nachwort.

Von Ludwig Roselius, Bremen.

Die erste Armee führt Kluck, der tüchtige Troupier",
„ sagte bei Betrachtung der militärischen Lage Ende
August 1914 der König Carol von Rumänien.

„Dort oben", sein kleiner Finger fuhr die Karte hinauf,
„fällt die Entscheidung."

Seit diesem Tage ist der Name Kluck wie mit glühendem
Eisen in meine Seele gebrannt.

Der Kronrat hatte gegen den Einspruch des tapferen
Peter Carp den Zentralmächten die Unterstützung verweigert,
die abwartende Neutralität war beschlossen, das Schlußwort
Bratianus, w i e dieses Abwarten zu gestalten sei, gefallen.

Was sagte doch der hohe Beamte des auswärtigen
Dienstes in der Wilhelmstraße?

„Die letzten Worte des Kaisers waren: Ich werde erst
ruhig über den Osten sein, wenn ich fünf rumänische Korps
auf unserm rechten Flügel weiß. — Fahren Sie schnell."

Meine Freunde in Bukarest aber sprachen: „Unsere Zeit
ist gekommen, wir befreien Siebenbürgen, Ihr Deutsche seid
Freunde des Unterdrückers unserer Brüder, daher muß Krieg
zwischen uns sein." Wie Schreie hungriger Möven schrillten
die Stimmen der Zeitungsjungen und verkündeten Sieg auf
Sieg der Russen und Franzosen. Funkelnder Rausch der
Uniformen in den Straßen, blitzende Augen, heiße Begeisterung und brennende Sonne, dazu das Klick=Klack des
Korsos im Gurt geschirrter, eilender Pferde.

Ein Gleichklang das Ganze, es schwingen Worte, niemand
spricht sie, jeder fühlt sie.

Winterfeldzug! Nein früher! Im September! Der
siebente!

Höher wogt das Leben, rauschender tönt der Lärm.

Da plötzlich Störung, ein Blatt geht von Hand zu Hand. Kluck wirft alles vor sich nieder, er marschiert und schlägt; er schlägt und marschiert!

Der Rhythmus ist dahin, der Glanz verschwand, Staub und Schmutz sind wieder da, die Möwenschreie sind verstummt.

Man reibt sich die Augen. Ah bah, Kluck! Die Deutschen lügen, sie können ja nicht siegen. Anderthalb Millionen Mann gegen sechs bis sieben Millionen Engländer, Franzosen und Russen, lächerlich!

Abends heult wieder die Meute der Zeitungsjungen durch die leer gewordenen Straßen: „Schwere Niederlage der Deutschen, großer Sieg der Franzosen!"

So wiederholt sich Tag für Tag das gleiche Spiel.

Die Fenster der Kinos, hinter denen auf großen Karten das Vorrücken der deutschen Front abgesteckt wird, sind zer= trümmert.

Der zweite, dritte, vierte September, Kluck marschiert nicht, er fliegt. — —

Der fünfte, sechste und siebente September — Kluck be= droht Paris! Kluck vor Paris!

Verlöscht ist das Feuer der Begeisterung, zerstört der Rhythmus des gleichgesinnten Wollens!

Nie wieder erstand die sorglose, unnachdenkliche Freude mit= zumachen dem rumänischen Volke. Selbst Bratianu blies ab!

König Carol, der dem deutschen Bündnis im innersten Herzen gehörte, hob das Haupt: „Mir schien der rechte Flügel zu schwach, Kluck aber überrennt jede Berechnung, er ist ein zweiter Marschall Vorwärts. Schlieffen selbst hätte keinen besseren Mann an den Flügel stellen können. Schließt jetzt der Kronprinz den Ring um Verdun, ist der Krieg im Westen gewonnen, dann helfe i ch gegen Rußland!"

„Der König gleicht einem Adler," sagt die Königin, „in stolzer Höhe zieht er gelassen seine Kreise. — Niemand weiß, wann er stößt!"

Schwert=Diplomatie, dachte ich, in mir sang und tönte es.

Kluck=Kluck machten jetzt die Pferde in der Calea Victoriei.

Dann kamen schwere Tage.

Carmen Sylvas märchenhaft tiefblaue Augensterne blickten schwarz, voller Tränen. „Mit Deutschland steht es schlecht, die lieben, lieben Menschen! Gehen Sie zum König." Dann winkte sie in Güte, Trauer und Mitleid!

Der König sagt: „Kluck ist verloren, er hat keine Reserven, die zweite Armee scheint geschlagen, die erste muß kapitulieren."

Ich habe nur gesagt: „Lüge, Majestät, Kluck läßt sich nicht greifen, im Westen ist das Ganze Halt geblasen, jetzt gehts gegen den Osten, das ist alles!"

Der König sah mich scharf an: „Denken Sie an Verdun."

Was tat nun Kluck, der alte Eber? Mit scharfem Ruck riß er dem Gegner die Seite auf und schlug ihn in kämpfend gewandter Front aufs Haupt, aus scheinbar verlorener Lage einen Sieg erkämpfend, von dem der König sagte: „Das geschah noch nie. Das ist deutsche Ausbildung, deutsche Disziplin und deutsche Führung."

Carol von Hohenzollern war ein ganzer Mann und ein Soldat.

Als er mir kurz vor seinem Tode sagte: „Der Krieg kann vier bis fünf Jahre dauern, nur die Revolution wird ihn beenden," empfand ich das bitter als Zweifel an unserer guten, deutschen Sache!

Heute ziehe ich still den Hut und schreibe seine Worte ins Stammbuch meines hochverehrten, lieben Freundes Kluck!

Gliederung der Ersten Armee 1914.

Belag. Format.	Tel.- u. Luftsch. Format.	Etappen-Format.
Et. 1. G. Fußart.	Armee-Tel. Abt. 1 III.	**Etappen-Insp. II** mit Etapp. Format. vom II., III., IV. A. K. und zweiten Etapp. Format. vom III. und IV. A. K.
General der Pion. b. e. A. O. K. 1 G.	Et. Fsp. Det.	→
	Funk. Kdo. 1 G. f. Funk. St. 5 III. ⸗ ⸗ ⸗ 20 G.	**Kraftf. Format.** Kdr. d. Kraftf. Tr. 1 Et. Kw. Kol. 1—4 ⎫ ⸗ ⸗ ⸗ 25—26 ⎬ VII. ⸗ ⸗ ⸗ 47—50 ⎭ ⸗ ⸗ ⸗ 22—24 ⎫ ⸗ ⸗ ⸗ 35—36 ⎬ G. ⸗ ⸗ ⸗ 45—46 ⎭ ⸗ ⸗ ⸗ 38 VIII. ⸗ ⸗ Part 1 VII.
Pi. Regt. 18 I*). II. I. ▬▬▬	Feldluftsch. Abt. 1 G.	
Pi. Bel. Tr. (2 Parkkomp.) ══════	Fl. A. 12 G. ⊶⊷	Etapp. Flugzeug-Park 1 G.
Scheinw. Abt. (vom 1. 10. 14 ab).		**Etapp. Mun. Kol.** IV. III. II. 49, 10, 9 48, 8, 7 6, 5
		Etapp. Fuhrp. Kol. IV. III. II. 4—1 4—1 4—1
		Magazin-Fuhrp. Urdingen . . VII. bef. d. Feldtr. Kp. 1—3 II. Düsseldorf . VII. ⸗ ⸗ ⸗ ⸗ 4—6 II. Düsseldorf . VII. ⸗ ⸗ ⸗ ⸗ 1—3 IV. Bergheim . . VIII. ⸗ ⸗ ⸗ ⸗ 4—6 IV. Eschweiler . VIII. ⸗ ⸗ ⸗ ⸗ 1—3 IX.

*) Über Pi. Regt. 18 I. verfügt bis 8. M. T. einschl. das I. A. K.

1. A.   Ersatz an Munition, Gerät, Gas und Betriebsstoffen.

Munitionszüge (auf Eisenbahnwagen verladen)			Gerät- und Sprengm. Nachschub (auf Eisenbahnwagen verladen)	Gas-Nachschub (dem Gerät- usw. Nachschub angehängt)	Betriebsstoffe
Inf.	Feldart.	Fußart.			
		Nr.			
1—2 II. 6, 38 III.	K./F. 5—8 II. 11, 16 III. 22, 26 IV. **K.** 3 III. 6 IV.	f. J. H. 02 f. A. 2 V. 3 III. 4 IV.	1 III.	1 VII.	2 Nachschübe (jeder mit acht- tägigem Armee⸗ bedarf) beim Etapp. Kw. Park

Weiterer Bedarf ist anzufordern:

Munition und Gerät beim Chef des Feldmunitionswesens, Personal, Fahrzeuge, Ersatzteile usw. für d. Kraftw. u. d. Kraftf. Format. sowie Betriebsstoffe aller Art bei d. immob. Kraftw. Dep. 1 VII Düsseldorf, Gas für die Feld⸗ luftsch. Abt. bei d. immob. Insp. d. Luftschiffer-Truppen.

11*

Feld= u. Ref. Tr. 124 — 32 — 95 — 12.
Ldw. Tr. 18 — 3 — 0.
Ldft. Tr. 0 — 0 — 2.

Anmerkung: Die Jäg. Batle. 3/III, 4./IV 9 find dem Höh. Kav. Kdo. 2 II vorläufig zugeteilt.

III.   25 — 6 — 24 — 4

6.			5.	
12.	11.	10.	9.	
24	20	12	8	
64	35	52	48	

J. 3*)

St. u. 3 Est. ⊢ H. 3.   3 Est. ⊢ H. 3.

6.			5.	
39.	3.	54.	18.	
II (F.) I.	II. I.	II. I.	II. (F.) I.	
I. (F.) M. K. I. M. K.	I. M. K. I. M. K.	I. M. K. I. M. K.	I. (F.) M. K. I. M. K.	
S. K. 2. D. Br. 6.	3./Pi. 3. 2./Pi 3.	S. K. 3. S. K. 1.	D. Br. 5. 1./Pi. 3.	

I./2. G. G.   H. A. 7 G.   Ffp. A. 3**).   Scheinw. Zg. Pt. 3.

I. M. K. ▬▬

Munitions-Kolonnen.

Fuß=A. I./2. G. G. 1—8	II. 9 (F.) 8 (F.) 7 6 5 A. 4 3 J.	I. 4 (F.) 3 2 1 A. 2 1 J.

Trains.

K. Br. 3	II. 12 11 10 9 8 7 F. L.	I. 6 5 4 3 2 1 F. L.
	6 5 4 Pr. K.	3 2 1 Pr. K.
2 1 F. B. K.	2 Pf. D. 7 6 5 4 Fp. K.	1 Pf. D. 3 2 1 Fp. K.

*) Zuget.: Jäg. Kr. Wag. Kol. 3 VII. — **) 1 K. Tel. A. u. 1 Ffp. Zg. a/A.

L. 11. III. 6—1—0	L. 10. III. 6—1—0
L. 20	L. 12
L. 35	L. 52
1. L. G.	1. L.
verstärkt durch:	verstärkt durch:
2. Ldft. Bttr. III. A. K.	1. Ldft. Bttr. III. A. K.

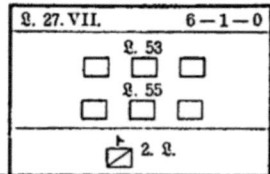

L. 27. VII.   6—1—0

L. 53

L. 55

2. L.

Brig. steht bis zum 16. M. T. z. Vfg. des Kdrs. oder stellv. kbr. Generals VII. A. K. zu Bahn-schutzwecken.

IV. $\qquad$ 25 — 6 — 24 — 4

8.		7.	
16.	15.	14.	13.
72	36	27	26
153	93	165	66

3. 4*)
⊗

3 Est. ── H. 10.	St. u. 3 Est. ── H. 10.

8.		7.	
75.	74.	40.	4.
II. (F.) I.	II. I.	II. I.	II. (F.) I.
I. (F.) M. R. I. M. R.	I. M. R. I. M. R.	I. M. R. I. M. R.	I. (F.) M. R. I. M. R.
S. R. 2. D. Br. 8.	3./Pi. 4. 2./Pi. 4.	S. R. 3. S. R. 1.	D. Br. 7. 1./Pi. 4.

I./4. Fl. A. 9 VIII. Ffp. A. 4**). Scheinw. Zg. Pi. 4

I. M. R. ══

Munitions-Kolonnen.

Fuß-A. I/4 1—8	9 (F.) 8 (F.) 7 6 5 A. 4 3 J.	4 (F.) 3 2 1 A. 2 1 J.

Trains.

K. Br. 4	12 11 10 9 8 7 F. L.	6 5 4 3 2 1 F. L.
	6 5 4 Pr. K.	3 2 1 Pr. K.
2 1 F. B. K.	2 Pf. D. 7 6 5 4 Fp. K.	1 Pf. D. 3 2 1 Fp. K.

*) Zuget.: Jäg. Kr. Wag. Kol. 4 VII. — **) 1 K. Tel. A. u. 1 Ffp. Zg. a/A.

IV. R. IV. $\qquad$ 25 — 6 — 12

22. R. IX.		7. R.	
44. R.	43. R.	14. R.	13. R.
R. 32	R. 71	R. 66	R. 27
R. 82	R. 94	R. 72	R. 36
	R. J. 11	R. J. 4	

R. J. ── 2. Pf. 1	S. R. R. ── 1

II. R. 22 I.	II. R. 7 I.
I. R. M. R. I. R. M. R.	I. R. M. R. I. R. M. R.
R. S. R. 11 R. D. Br. 22 2. R./Pi. 4 IV 1. R./Pi. 4 IV	R. S. R. 4 R. D. Br. 7 4. Pi. 4

R. Ffp. A. 4*)

Munitions-Kolonnen.

	R. 22 XI	R. 7
R. 36 R. 35 A. R. 26 R. 25 J.		R. 40 R. 15 R. 14 A. R. 12 R. 11 J.

Trains.

	R. 22 XI	R. 7
	R. 50 R. 49 R. 24 IV F. L.	R. 23 R. 22 R. 21 F. L.
	IV.	R. 12 R. 11 Pr. K.
R. 13 XI R. 6 B. K.	R. 32 R. 31 R. 12 R. 3 Fp. K.	R. 11 R. 10 Fp. K.

*) 1 Kdo. e. R. Ffp. Abt., 2 R. Div. Tel. Abt., 1 Ffp. Zg. a A.

II.

24 — 8 — 24 — 4

4.		3.	
8.	7.	6.	5.
49	14	34	2
140	149	42	9

D. ⊨ 12. · D. ⊨ 3.

4.		3.	
53.	17.	38.	2.
II. I.	II. (F.) I.	II. (F.) I.	II. I.
I. M. R. I. M. R.	I. (F.) M. R. I. M. R.	I. (F.) M. R. I. M. R.	I. M. R. I. M. R.
S. R. 2. D. Br. 4.	3. Vi. 2. 2./Vi. 2.	S. R. 3. S. R. 1.	D. Br 3. 1./Vi. 2.

I./15.   Fl. A. 30 G.*)   Ffp. A. 2.   Scheinw. Zg. Vi. 2.

I. M. R. ═══

Munitions-Kolonnen.

Fuß-A. I/15 1—8	II. 9 (F.) 8 (F.) 7 6 5 A. 4 3 J.	I. 4 (F.) 3 2 1 A. 2 1 J.

Trains.

K. Br. 2	II. 12 11 10 9 8 7 F. L.	I. 6 5 4 3 2 1 F. L.
	6 5 4 Pr. K.	3 2 1 Pr. K.
2 1 F. B. K.	2 Pf. D. 7 6 5 4 Fp. K.	1 Pf. D. 3 2 1 Fp. K.

*) Vom 1. Juli 1914 ab.

III. R. III.

25 — 6 — 12

6. R.		5. R.	
12. R.	11. R.	10. R.	9. R.
R. 26 IV	R. 20	R. 12	R. 8
R. 35	R. 24	R. 52	R. 48
		R. J. 3	

R. U. ⊨ 3   R. D. ⊨ 2

II. IV. R. 6 I.	II. R. 5 I.
I. R. M. R. I. R. M. R.	I. R. M. R. I. R. M. R.
R. S. R. 16 R. D. Br. 6 2. R./Vi. 3 1. R./Vi. 3	R. S. R. 3 R. D. Br. 5 4./Vi. 3

R. Ffp. A. 3*)

Munitions-Kolonnen.

R. 6 R. 46 R. 13 A. R. 41 R. 27 J.	R. 5 R. 12 R. 11 R. 2 A. R. 10 R. 9 J.

Trains.

R. 16 R. 5 B. K.	R. 6 R. 66 R. 65 R. 64 F. L.	R. 5 R. 20 R. 19 R. 18 F. L.
	R. 49 R. 48 R. 47 R. 46 Fp. K.	R. 9 R. 8 R. 7 Fp. K.

*) 1 Kdo. e. R. Ffp. Abt., 2 R. Div. Tel. Abt., 1 Ffp. Zg. a. A.

IX.

31 — 6 — 24 — 4

18.		17.	
36.	35.	34.	33.

| 31 | 84 | 89 | 75 |
| 85 | 86 | 90 | 76 |

J. 9

3 Est.	3 Est.

18.		17.	
45.	9.	60.	24.

II. (J.)	I.	II.	I.	II. (J.)	I.	II.	I.
l. M. K.	l. M. K.	l. M. K.	l. M. K.	l. M. K.	l. M. K.	l. M. K.	l. M. K.

S. K. 3	D. Br.	2./Bt. 9	S. K. 2, S. K. 3	D. Br.	2./Bt. 9

1./20.

l. M. K.

Fl. A.

Ffv. A.

Scheinw. Zg. Bt. 4.

Munitions-Kolonnen.

Fuß-A. I/20 1—8	II. 5 4 3 2 1 A. 2 1 J.	I. 4 3 2 1 A. 2 1 J.

Trains.

K. Br. 9.	II. 6 5 4 3 2 1 F. L.	I. 6 5 4 3 2 1 F. L.
	3 2 1 Pr. K.	3 2 1 Pr. K.
1 F. B. K.	2 Pf. D. 4 3 2 1 Jv. K.	1 Pf. D. 3 2 1 Jv. K.

Personenverzeichnis.

Langle, be, Divifionsgen., Führer
der 4. franz. Armee 105.
Lekow, v., Hauptmann 17.
Lenthe, v., Oberft, 10. gem. Landw.
Br. 117.
Lepel, v. 117.
Linfingen, v., Gen. d. Inf., II. Ar=
meekorps 53. 62. 63. 109. 112.
113. 115. 124. 125. 144.
Litty, Intendant der I. Armee, † 6.
38.
Lochow. v., Gen. der Inf., III. Ar=
meekorps 53. 63. 113. 117. 124.
125. 144.
Ludendorff Gen. Maj. 16.

Marwitz, v. der, Gen. d. Kav.,
II. Kav. Korps (H. K. K. II.) 11.
17. 35. 37. 46. 47. 48. 55. 62. 63.
119. 120. 135. 144.
Maunoury, Divifionsgen., Führer
der 6. franz. Armee 103. 104. 123.
124. 127. 137.

Poincaré, Präfident der franz. Re=
publik 101.

Quaft, v., Gen. der Inf., IX. Ar=
meekorps 53. 63. 118. 119. 125.
126. 144.

Ronarich, Admiral, franz. Seewehr.
Br. 106.

Sandt, Regierungspräfident, Aachen,
† 16.
Sarrail, Divifionsgen., 3. franz. Ar=
mee, Verdun=Armee 105.
Schulenburg, v. der, Oberft, Gem.
11. Landw. Br. 119.
Sixt v. Armin, Gen. der Inf.,
IV. Armeekorps 53. 63. 112.
125. 144.
Smith Dorrien, Horace, Gen. Leutn.,
2. engl. Armeekorps 61. 62.
Snow, F. D', O., Gen. Maj., 4. engl.
Inf. Div. 50.
Sordet, Divifionsgen., Kav. der
6. franz. Armee 60. 62.
Stegemann, Hermann, Verfaffer der
Gefchichte des Krieges 1914—1918.
Bern 1.
Stumpff, v., Gen. Maj., Komman-
dant von Aachen per interim 12.

Telle, Gen. Leutn., Ober-Komm. der
I. Armee 6. 15. 143.
Thel, Dr., Generalarzt der I. Ar=
mee 7.
Troffel, v., Gen. Leutn., 3. Inf. Div.
112.

Vautier, Divifionsgen., 14. franz.
Div. des 7. Korps und 63. Ref.
Div. 105.

Zwehl, v., Gen. der Inf., VII. Ref.
Korps 142.

Verzeichnis der höheren Führer,
die im Text nicht angeführt find.

Bauer, v., Gen. Leutn., 17. Inf.
Div.
Brialmont, ehedem belg. Ingenieur=
General.

Dallmer, Gen. Leutn., 27. gem.
Landw. Br.

Garnier, v., Gen. Leutn., 4. Kav.
Div.

Herhudt von Rohden, Gen. Leutn.,
6. Inf. Div.

Krane, Frhr. v., Gen. Maj., 2. Kav.
Div.

Moltke, v., Generaloberſt, Chef des Generalſtabes des Feldheeres, †.

Pannewitz, v., Gen. Leutn., 4. Inf. Div.

Riedel, Gen. Leutn., 7. Inf. Div.

Riemann, Gen. der Inf., 22. Reſ. Div.

Schickfuß und Neuſtadt, Gen. Leutn., 5. Reſ. Div.

Schmettow, Graf, Gen. Maj., 9. Kav. Div.

Schwerin, Graf v., Gen. Leutn., 7. Reſ. Div.

Wichura, Gen. Leutn., 5. Inf. Div.

Ortsverzeichnis.